모금을 디자인하라

모금을 디자인하라

모금에 눈뜬 한 사회복지사의
좌충우돌 모금전문가학교 유학기

정현경 글

아르케

책을 펴내며

"아니 내가 무엇 때문에 피 같은 돈을 당신한테 준단 말입니까?"

모금전문가학교에서 아름다운가게 김재춘 국장의 강의내용 중 스크린에 선명하게 박혀있는 문구를 보고 나는 적잖은 충격을 받았다. 이 문구는 기부자들이 대놓고 말은 하지 않지만 아마 직접적으로 모금을 하는 단체와 실무자들에게 되묻고 싶어 하는 가장 솔직한 질문일 것이다. 이와 같은 기부자들의 질문에 뻥 둘러대지 않고 자신 있게 그리고 한점 부끄럼 없이 명쾌한 하나의 문장으로 답변할 수 있을까? 나는 묻고 또 물었다.

비영리단체가 좀 더 활성화되기 위해서는 지속가능성에 대해 진지하게 고민하고, 주변 환경 변화에 대한 대응력을 키워야만 한다. 여러 가지

전제 조건들이 필요하지만 결국 재정 기반이 튼튼해야 하고 이를 위해서는 단체의 목적에 관심 있는 시민을 대상으로 다양한 모금 방법을 개발하여 기부참여자로 만드는 것이 최상일 것이다.

이렇듯 비영리단체의 중요 업무 중 하나인 모금을 담당하는 모금전문가를 양성하는 기관이 우리나라에는 없다. 모금에 대한 수요가 점차 높아지고 이 또한 서로 경쟁하는 체제에 돌입하고 있는 작금의 현실을 볼 때 좀 더 차별화되고 변화된 상황에 적절하게 대응 전략을 구사할 수 있는 모금전문가 육성과 체계적인 교육시스템 마련이 시급하다.

희망제작소, 아름다운재단, 중앙일보 시민사회환경연구소가 공동으로 주최하는 모금전문가학교는 이런 시대적 요구에 부응하여 그동안 희망제작소, 참여연대, 아름다운재단, 아름다운가게 등 비영리단체들이 쌓아온 모금 노하우와 국내 우수한 모금사례, 후원사업 등의 경험을 바탕으로 국내 최초로 개설된 모금전문가 양성학교(Fundraising School)다.

이 책은 서울시장애인복지시설협회 소속이었던 내가 한국 최초 '모금전문가 양성학교'에 입학해서 졸업하기까지 좌충우돌하며 모금전문가라는 직업에 눈을 뜨게 된 과정에 대한 기록이다.

교육은 3개월 동안 모금이 세상을 어떻게 바꾸는지, 모금전문가가 어떠한 방법으로 사람과 세상의 다리가 되는지에서부터, 모금을 위한 조직구성, 전략적으로 모금을 기획하는 기술, 모금의 대상이 되는 개인, 기업에 대한 접근방법, 사례별 모금연구, 모금의 제도적 환경, 모금전문가의 윤리와 사명까지 이론과 실제를 넘나들며 매주 토요일마다 이뤄졌다. 강사진은 주로 국내 대표적인 비영리단체 실무자들과 해당 분야의 전문가들로 구성되어 있었고 이는 현장 상황을 생동감 있게 전달해 주는 데 큰 도움이 되었다.

모금전문가학교 과정 중 가장 특별한 것은 뭐니뭐니해도 '모금실습' 과정이었다. 이 과정은 모금에 대해 배운 것을 직접 몸으로 체득할 수 있는 프로그램인데, 학생들이 조별로 모금대상을 선정하고 모금목표액을 정해 모금조직 구성, 기획, 홍보, 실행, 결산까지 직접 체험해보는 실제 프로젝트다. 강의를 맡은 강사진은 모금실습과 그 결과에 대한 토론을 통해 정기적으로 학생들의 모금활동을 평가하고, 계획한 모금이 성공할 수 있도록 기술 지원을 한다. 아울러 지정해 준 교재를 읽고 보고서를 제출하고 토론하는 과정 또한 빼놓을 수 없는 중요한 과정 중 하나였다. 주교재인 《모금이 세상을 바꾼다》를 주제별로 읽고 해당 수업일 전까지 보고서를 제출해야 하는 것에서부터 《어메이징그레이스》, 《모금은 모험?》, 《아름다운제휴―기업과 시민사회단체가 만났을 때》, 《나눔이 주는 아주 특별한 선물》, 《세상은 꿈꾸는 사람들의 것이다》와 같은 관련 참고 서적에 대한 독후감도 매주 제출해야 하는 등 학생들은 교육 기간에 잠시도 긴장을 늦출 수 없었다.

모금전문가학교에서 진행하는 수업과정은 모금활동을 3년에서 5년 정도 수행한 실무경험자들이 듣기에 딱 알맞은 것이었다. 다소 느슨해질 수 있는 모금에 대한 사명과 모금의 즐거움을 다시 일깨워 주고 모금의 기초를 재강화시켜 주었으며 다른 비영리조직의 모금활동 사례에 대한 연구와 기업 사회공헌 담당자와의 만남과 견학 그리고 기부와 관련된 법에 대한 이해의 폭을 넓힐 수 있었기 때문이었다.

나는 이러한 일련의 학습과 실습과정을 통해 모금을 위한 명분도 중요하지만 모금을 요청할 대상과 모금에 대한 운영기획도 매우 중요하다는 사실을 깨닫게 되었다. 특히 요소요소에 모금을 유도할 수 있는 장치가 되어 있어야 기부를 하려는 사람들이 자연스럽게 기부를 할 수 있으며 기부행위에 대한 자부심도 가질 수 있다는 사실을 알게 되었다. 한번 기부한 사람이 지속적으로 기부한다는 것은 널리 알려진 이야기다. 따라서 기부를 시작하기 전, 기부를 하고 있을 때, 또는 기부를 한 후 그 기부 행위를 다시금 생각할 때마다 자신의 기부행위에 대해 신뢰감을 가질 수 있도록 그리고 모든 것이 물 흐르듯 원활하게 작동할 수 있도록 판을 짜야만 한다. 물론 모금 대상과 목적에 따라 모금기획은 각기 다른 모양으로 만들어져야 한다. 모금전문가학교에서 경험한 모금실습과정은 단기간이었지만 많은 가르침을 주었다. 내가 모금활동과 관련된 행동과 신념에 명확한 원칙을 세우는 데에 큰 도움을 받은 것은 물론이다.

정부 보조금에서 자립해 뜻을 펼치고자 하는 모든 비영리단체에 내가 얻은 신선한 충격과 에너지를 전달하고 싶었다. 이 작은 책이 당신에게, 당신의 단체에 희망의 실마리가 되기를 바란다.

자! 이제 모금전문가의 길에 조금 먼저 발을 디딘 한 사회복지사의 몸부림 속으로 함께 들어가 보자.

감사의 말

두서없는 나의 글과 고민에 매번 칭찬과 용기로 답장을 주시는 박원순 이사님. 큰 산처럼 내가 하는 모든 일에 늘 파이팅으로 든든한 격려와 조언을 아끼지 않으시던 류무종 관장님. 내가 가진 약점이 강점임을 새롭게 인식시켜 주신 울산대 나도선 교수님. 지난 10여 년간 맘껏 일할 수 있도록 온전히 믿고 맡겨 주셨던 정명규 회장님. 너무 앞서 가지 않도록 적당한 때 뒤돌아 볼 수 있는 멈춤을 알려주시는 양정열 국장님. 부끄러워 내놓지 못하는 글들을 귀하게 여겨주신 이형진 대표님과 멋들어진 갈무리로 세상에 예쁜 모습으로 태어나게 다듬어준 최창신 실장님 그리고 참 좋은 내 친구 정아에게.

내가 사랑과 열정으로 채워지도록 끊임없이 자극하는 모든 분들께 감사드린다. 일일이 나열할 수 없지만 그분들 하나하나가 나에게는 스승이고 내 삶의 교과서이다.

글의 순서

책을 펴내며   5

01. 공의를 위한 구걸의 삶, '모금전문가'로 첫발을 내딛다

요청과 거절의 쳇바퀴에서 탈출하라!―박원순도 1할   17
입학, 또 다른 시작   22
용감한 자여 그대 이름은 모금전문가   27
우린 무늬만 전문가인가요?   32
모금활동가가 된 '가바이 쩨데크'   35
좌충우돌 모금실습 1 무엇을 위해, 어떻게 모금할 것인가?―모금 기획과 전략   37
아이디어맨? 기획전문가!   47
돈, 누구냐 넌?   51
마치 여러 인생을 살아내는 명배우처럼   54

02. 모금, 요청에서 감사까지

'따로'국밥보다는 비빔밥!   61
역시 사람이 먼저다   66
기부자는 또 다른 기부자를 낳는다   71
좌충우돌 모금실습 2 종자돈 만들기   75

03. '모금 캠페인', 기획과 전략

거대한 전환, 모금은 경영이고 영업이었다 81
기부자는 기다리지 않는다 84
사람보다 더 극적인 소재는 없다 89
좌충우돌 모금실습 3 내 생애 첫 고액기부자 93
적장의 말을 쏴라? 98
같은 깃털을 찾아라 100

04. 든든한 파트너, 기업

기업의 사회공헌활동 105
친절한 '기업' 씨 108
좌충우돌 모금실습 4 기부가 행동으로 이어지는 그 아찔함 115

05. 인맥지도를 만들자

대학교 모금이 쉽다고요? 121
다 사람이 하는 일 124
좌충우돌 모금실습 5 박원순 이사에게서 기부받을 수 있는 것 129

06. 토종 모금 성공이야기 집중탐구

지역사회에 답이 있다   137
파랑새는 가까이에 있다   145
좌충우돌 모금실습 6 계속해서 노출하자!   151

07. 온라인 모금과 미디어 모금

마력의 소유자, 모금전문가   159
좌충우돌 모금실습 7 신참들, 거리모금에서 활짝 웃다   163

08. 지역을 모금 조직으로 삼고, 소통하라

모금 드림팀 만들기   173
성공하는 모금조직이 되려면   176
모금전문가는 소통전문가   188
좌충우돌 모금실습 8 강사에서 고액기부자로 그리고 동지로   190

09. 기부관련 법률상식

멀고 어렵기만 한 '法'　199
좌충우돌 모금실습 9 이것이 진정 드림팀이다　　　206

10. 졸업, 모금전문가라는 직업에 대해서

축제 같은 졸업식　　213
좌충우돌 모금실습 10 졸업식날까지 모금하다　　　217

01

공의를 위한 구걸의 삶, '모금전문가'로 첫발을 내딛다

2009년 5월 9일~10일 서울유스호스텔, 강사: 박원순(희망제작소 상임이사), 최영우(도움과 나눔 대표), 전현경(아름다운재단 사무국장)

> 나는 과연 모금가였나?
> 모금활동은 나를 설레게 했었나?
> 모금의 성공 여부를 떠나 기부대상자를 만나
> 이야기를 듣고 관계를 맺는 것에 흥이 났었나?
> 나는 고액기부자를 만나기 전날 밤
> 제안서를 100번이나 고쳐가며
> 뜬눈으로 지센 적이 있었나?
> 강의가 끝날 무렵 이런 생각이 꽉 들어찬
> 나의 뇌는 너절해진 느낌이었지만,
> 나는 점점 모금전문가라는 직업의 묘한 매력에
> 빠져들어 가고 있음을 느꼈다.

요청과 거절의 쳇바퀴에서 탈출하라!
—박원순도 1할

"내가 모금 성공률이 몇 퍼센트인 줄 압니까?"

강의가 시작되고 10분 정도 있다가 박원순 이사는 학생들에게 질문했다. '저렇게 질문했으니까 100%는 아닐 테고 한 80% 정도?' 나는 마음속으로 대답했다.

"1할 정도의 성공일까? 아니 그 이하일 수도 있습니다."

'아니 천하의 박원순이? 우리나라에서 둘째 가라면 서러워할 비영리단체인 아름다운재단을 만들어낸 분께서 모금성공률이 1할이라…'

첫 강의는 희망제작소 박원순 상임이사로부터 시작했다. 내가 아는 박원순은 아름다운재단을 만들어 우리나라 비영리분야에 새로운 역사를 만들어낸 사람이라는 것이 전부였다. 시골 이장처럼 순박한 웃음으로

다소 쑥스러운 듯이 앞으로 나오더니 단 1분 만에 학생들을 휘어잡는 카리스마를 발산한다.

나는 솔직히 박원순 이사가 변호사라는 사회적인 지위도 있고 자원을 내놓을 만한 인맥도 많이 알고 있어서 그가 무엇을 한다고 요청을 하면 사람들이 줄을 서고 기다리거나 "이서오십시오" 하면서 그냥 갖다 바칠 것으로 생각했다.

박원순 이사는 자원 요청을 위해서 대상자를 정한 후 그 대상자에게 전화를 걸기 위해서 몇 번의 고민과 망설임을 거친다고도 했다. 전화를 들었다 놓았다 하기도 하고 전화를 해서 딴 이야기를 하다가 끊기도 한다고 했다. '구걸의 삶'을 직원들과 후배들에게 늘 강조하지만 정작 당신도 이 '요청'이라는 '두려운 놈'을 맘에 묻고 산다는 것이다.

박원순 이사의 강의를 듣고, 나는 기부를 '요청'하는 것에 대해 조금은 자유로워졌다. 나만이 느끼는 갈등과 절망이 아니었음이 확인되었고 혼자만의 두려움이 아니라는 것을 깨달았기 때문이다. 또한 박원순 이사의 성공률이 1할이라면 나의 성공률이 1할에 못미치는 것은 당연한 것 아닌가 하는 위로가 생겼다. '모금 성공이 1할이라면 꽤 잘하는 모금가구나. 그 이상이라면? 난 모금계의 여왕이 되는 거다!'

여기서 중요한 사실이 하나 더 있다. '거절'의 대상이 내가 아니라는 것이다. 거절의 대상을 '나'로 인식하기 때문에 우리는 '요청'의 두려움과 '거절'의 끔찍함을 미리부터 겁먹는 것일 수도 있다. 거절은 내가 당하는 것이 아니다. 그리고 내가 속한 조직도 아니고 모금의 목적도 아니다. 단지 모금의 목적과 기부대상자가 인연이 없기 때문이다. 인연이라고 표현하니까 어떤 운명적인 느낌도 나고 '운'이라는 기운이 감돌기도 하지만 모금 성공은 진실성과 성실에 행운이 더해지면서 이루어지는 것 같다.

대상자가 '기부'에 전혀 준비되어 있지 않을 수도 있고, 아니 그전에 기부가 무엇인지 어떤 행위인지, 그 행위를 함으로써 어떠한 기쁨을 누릴 수 있는지, 나의 기부가 어떠한 영향을 끼칠 수 있는지 모를 수도 있다. 또한 기부하고 싶은 대상이 요청해 온 그 모금기관이 아니기 때문이기도 하다. 기부하는 방법이 자신의 취향과 다르기 때문일 수도 있고 기부 시기가 지금이 아니기 때문일 수도 있다. 다음 달에 곗돈 타면 기부하려고 맘먹은 사람이었는지 누가 알 수 있겠는가.

물론 이 모든 것들이 맞아떨어졌어도 모금담당자의 적절치 못한 대응 때문에 기부자가 주머니에서 돈을 만지작거리다가 손만 빼는 경우도 있다. 이때는 '그래 내가 거절당한 거 아니니까 괜찮아' 하고 금세 잊어버릴 것이 아니라 왜 '거절' 당했나 곰곰이 연구해야 한다.

특히 나 혼자 떠들다 온 것은 아닌지 되씹어봐야 한다. 기부 요청을 할 때는 기부자의 소리를 더 많이 들어야 한다. 기부자가 무엇을 원하고 궁금해 하는지 듣는 기술이 필요한 것이다. 듣다 보면 기부자가 '기부'를 실행하는 이유와 그 순간을 알게 될 것이다.

'거절'은 모금담당자에게는 좌절이요, 기부대상자에게는 '너무 야박한 것 아닌가'하는 생각을 유발하는 묘한 단어다. '거절'보다는 '연기', '기다림'이라고 용어를 바꾸어 사용해 보면 어떨까. "모금대상자에게 모금을 요청했는데 현재는 어려울 것 같고 연기되었네요", "기다리면서 지속적으로 우리의 일을 알리면 인연이 닿을 거예요."라고 대답한다면 우리가 하는 모금활동이 조금은 덜 힘겨울 것이다.

나 스스로 '저 사람은 내 요청을 거절했었지' 하고 선입견을 품으면 그 사람에게 더 이상 다가가기 어려울 것이다. 모금전문가에게 기부대상자는 한 번의 만남으로 모든 관계가 종료되는 존재가 아니다. 한 번 알고

"모금의 기본은 '**요청하라**'이다.
'요청'이 어려운 것은 거절에 대한
두려움 때문이다. 당신은
정의로운 요청을 했고
그것으로 상대의 마음에
정의의 씨앗을 심었음을 기억하라."

나면 지속적인 관계를 맺어 꾸준한 인연의 실타래를 풀어나가야 하는 대상이다. 기부대상자의 거절을 단절로 받아들이지 말고 인연의 씨앗을 심은 것으로 생각해 본다면 우리 처진 어깨가 조금은 펴지지 않을까.

입학, 또 다른 시작

이렇듯 '상대의 마음에 정의의 씨앗'을 심는 방법을 배우기 위해 나는 또 다른 시작을 선택했다. 물론 이렇게 결정하기까지 우여곡절이 없었던 것은 아니지만 모금전문가학교에 입학한다는 들뜨고 설레는 맘으로 협회에 모였다. 함께 입학하게 된 우리 조직의 동료들은 이번 기회에 열심히 공부해서 배운 것 이상으로 모금 기술을 아낌없이 펼쳐보자는 결의를 다졌다.

보무도 당당하게 도착한 서울유스호스텔 2층 강당에는 이미 많은 사람이 분주하게 움직이고 있었다. 수강생은 대략 40명쯤이었는데 대한민국 최초의 모금전문가학교 1기를 위해 입학을 축하하러 온 사람, 운영을 돕는 자원봉사자 등 입구는 발 디딜 틈이 없을 정도로 사람들이 빼곡하게 차 있었다. 다만 책상에 앉아 있는 수강생들만이 다소 긴장된 표정으로 나누어준 교재를 이리저리 뒤척이고 있었다. 모금학교 주최 측에서 배정한 'C' 조 책상에 가방을 내려놓고 옆자리에 앉아 있는 사람들에게 어색한 미소를 띠면서 어쩔 수 없이 나도 긴장감에 전염되었다. 그리고는 《모금이 세상을 바꾼다》라는 제목의 모금전문가과정 교과서에 고개를 파묻었다.

아름다운재단 홈페이지를 통해 우연히 알게 된 '모금전문가학교' 개교 소식은 충분히 구미 당기는 제안이었다. 오랜 시간 동안 후원과 관련된 일을 하면서 눈에 보이는 실적을 내고는 있었지만 내가 제대로 하고 있는 것인지 확신도 없었고, 무엇인가 해 보면 더 큰 자원을 발굴할 수도 있을 것 같은데 '그 무엇'이 도통 손에 잡히지 않고 있던 터였다. 도대체 다른 조직이나 단체는 어떠한 방법으로 모금과 후원사업을 하고 있는지 알고 싶기도 했다.

하지만 백만 원이라는 고액의 수강료를 개인적으로 부담한다손 치더라도 일정표를 보니 여기에 시간을 할애하는 것도 만만치 않아서 적극적으로 조직이 허락해 주지 않으면 학교 입학이 불가능해 보였다. 설령 조직에서 경비와 시간을 허락해 준다고 해도 지원해 준 것 이상 성과를 보여줘야 한다는 생각에 가뜩이나 바쁜 일정에 괜한 일을 만드는 것이 아닌가 싶어 모금전문가학교 입학의 꿈을 접기로 했었다.

몇 주가 지난 어느 월요일 아침 회의시간이었다. 사무국장께서 불쑥 '모금전문가학교'에 입학하고 싶은 사람이 있으면 그 이유를 보고서로 제출해 달라고 했다. 아마 사무국장께서도 '모금전문가학교' 개교 소식을 알고 조직 안에서 교육대상자를 선발해 보내야겠다는 생각을 이전부터 하고 계셨던 모양이다.

나를 포함해서 세 명이 보고서를 제출하였고, 보고서를 제출한 세 명 모두 입학을 하게 되는 행운을 얻었다. 조직의 처지에서 보자면 큰 출혈이었지만 보고서를 제출한 모두가 모금에 대한 전문적 자질을 얻고자 하는 의지가 높다고 판단해 어려운 결정을 한 것이다. 대신 참가비의 20%는 교육자 스스로 충당하기로 했다.

교재와 갖가지 자료를 한 아름 안고 책상을 하나씩 메워나가는 사람들은 언뜻 보기에도 지역, 나이의 편차가 심해 보였고, 이름표에 명기된 조직의 이름도 매우 다양했다. '저런 곳에서도 모금을 하는구나'라는 생각이 들 정도로 모금에 관심을 둔 조직은 실로 다양했다.

학생들은 자기소개를 통해 모금전문가학교 입학에 대한 포부를 밝혔다. 조직의 모금을 활성화하기 위해서 참여한 실무자도 있고 비영리조직의 관리를 위해서 온 대표급도 있었다. 모금과 자선에 대해 알고 싶고 향후 자선단체를 운영하기 위해 참여한 사회인사도 있었다. 더욱 놀라운 사실은 돈 잘 쓰는 방법을 알기 위해 입학한 '재력' 있는 사람들도 있다는 것이다.

듣고보니 우리는 모두 사회적 변화를 추구했고, 자신이 갖춘 능력과 사회적 여건을 이용해 필요한 곳에 자원이 도달하게끔 하는 것에 소명

의식을 가진 사람들이었다. 사람을 움직여서 아름다운 사회를 만들고자 소망하는 사람들이 한방(?)의 거대한 모금을 획득할 수 있는 빠르고 강력한 방법을 알고 싶어 이 자리에 모였다.

모금전문가학교의 배려였을까? 혹은 의도였을까? 입학식과 오리엔테이션이 진행되는 첫날부터 다 함께 1박을 하는 프로그램이 진행되었다. 우리는 함께 식사를 하고 밤을 지새우면서 어색함을 지웠고, 서로 소통하고 공감하며 자연스럽게 친구가 되어갔다.

모금전문가 학교 지원에 대한 나의 의지

사업부 정현경

협회 차원의 모금사업이 시급히 필요하고 이에 따라 모금전문가의 활동이 더욱 절실해졌다. 협회의 모금사업은 서울시에서 지원하는 후원결연사업과는 별도로 새로운 전략과 운영을 통해 확대되어야 하는 시점이다. 모금은 넓게는 복지사업을 위한 민간자원 유치, 좁게는 복지사업 수행을 위한 현금자원 확보라는 측면에서 매우 중요한 사안이다. 이러한 모금사업을 원활히 하기 위해서는 모금 관련 이론을 습득하고 실제 모금활동에서 활용할 수 있는 경험을 쌓은 모금 전문가가 꼭 필요하다. 이에 나는 모금전문가 교육을 성실히 수행해 향후 교육지원과 모금 실적을 높이고자 한다.

본인이 모금전문가 학교에 입학해야만 하는 이유는 다음과 같다.

첫째, 사회복지사업, 특히 장애인 분야의 후원결연활동에 대한 실무경력이 길어 이론과 기술에 대한 정보습득이 빠르며, 적응의 폭이 타인에 비해 월등히 넓다.

둘째, 모금학교에서의 교육내용을 협회 내 직원들에게 재교육할 때, 관리자로서 신뢰성 있는 교육지원이 가능하며, 교수법에 대한 그간의 사내활동으로 보았을 때 직원의 눈높이에 맞추어 효과적으로 전달할 수 있다고 자신한다.

셋째, 모금의 주요 기술 중 하나는 인맥형성과 관리이다. 모금전문가학교를 통해 강사진 및 기업실무자들과의 인맥을 넓힐 수 있고, 협회의 '부장'이라는 위치와 모금경험에 대한 숙련된 인간관계형성의 특기를 잘 살려 깊이 있게 인맥형성을 할 수 있는 강점이 있다.

넷째, 후원결연사업에 대한 기획 및 사업진행, 모금활동 실적, 인맥관리와 깊이를 고려한다면, 교육 후 효과성 측면에서 가장 적절한 자에게 교육투자를 하는 것이 우선이라고 믿는다.

이와 같은 강점을 바탕으로 교육의 기회를 부여하여 주신다면 불혹을 바라보는 저에게 큰 날개가 될 것이며, 협회 기여도를 높이겠습니다. 끝.

¶당시 모금전문가학교에 입학하기 위해 회사에 제출했던 보고서이다. 어떡해서든지 입학을 하고 싶은 맘에 내가 내세울 수 있는 강점과 이력 부분을 최대한 표현하였다. 사무국장께서는 이런 자신감 넘치는 표현이 가장 맘에 들었다면서 칭찬을 아끼지 않으셨다. 간구나 바람보다는 나/우리여야만 한다는 당위성을 피력하는 것이 성취를 돕는다는 것을 다시 한 번 확인했다.

용감한 자여 그대 이름은 모금전문가

다시 박원순 이사의 이야기로 돌아가 보자. 이명박 대통령이 서울시장으로 재직할 당시의 일이다. 시장후보 때 공약한 것처럼 자신이 받는 급여를 모두 좋은 일에 사용하겠다는 신문기사를 보고 박원순 이사는(당시 아름다운재단 이사) 다음날 아침 바로 이명박 서울시장을 찾아갔다고 한다. 이른 새벽 여명 속에서 일하는 청소부들이 불의의 사고를 당해 가족들이 고통당할 때 이들이 고통을 이기고 희망을 찾을 수 있는 든든한 밑거름이 되는 기금을 만들자고 권유해 시장의 급여를 몽땅 받아왔단다.

이 이야기를 듣고 나는 박원순 이사의 행동과 결과에서 세 가지 원칙을 발견하고는 감탄했다. 돈을 주겠다는 사람이 있다는 정보를 듣고 바로 실행해 옮긴 민첩함과 서울시장을 단독으로 찾아가 돈을 받아오는 그 용감함, 그리고 이명박 서울시장이 평소에 관심과 애정을 갖고 있었던 청소부에 대한 기금을 생각해낸 그 놀라운 순발력이다. 돈을 주고 싶은 사람의 마음과 그 시기를 정확하게 파악했고 기부자가 평소에 관심이 있었던 분야를 정하여 바로 실행을 한 것이다.

그랬다. 돌이켜 보면 나도 박원순 이사처럼 머리가 아닌 가슴으로 정면승부를 겨룰 때 모금의 성공률이 더 높았다. 때는 10여 년 전으로 거슬러 올라간다. 화장품을 후원받아야겠다는 목표를 세우고 정말 아무런 두려움 없이 나누리 복지재단을 찾아간 것이 내 생애 첫 번째 모금 경험이었다. 어디까지나 시각장애인을 위한 후원을 위해 찾아간 것이었기에 두려움보다는 자신감이 있었다. (그러나 고백하건대 건물 8층에 오르면서 내 심장은 파르르 떨렸다.) 당시 그곳 사무국장이었던 김산 국장은 형식적인 인사를 나누고서 다짜고짜 어느 대학을 나왔느냐고 물었다.

" ...... "

"전공은 뭐였나요?"

" ...... "

선뜻 대답할 수 없었던 이유는 대학을 1학기도 채 마치지 못한 채 자퇴를 했기 때문이다.

"행복대학교 국문과 졸업했습니다."

"사회복지사 아니에요?"

" ...... "

"사회복지사도 아닌데 사회복지시설 쪽에서 일하네."

지금도 마찬가지이지만 그 당시 사회복지단체나 사회복지시설에서는 주로 사회복지사들이 일하고 있었고, '모금활동'이라는 직무에 대해서도 이해가 거의 없었다고 해도 과언이 아니다. 따라서 사회복지사들이 후원개발업무를 대부분 겸직하고 있었다. 아마도 이런 이유 때문에 그런 말이 나왔으리라.

"네, 아직은 아니지만 앞으로 사회복지사 자격을 취득할 것입니다."

하지만 나는 솔직히 사회복지사 자격증을 따야 한다는 당위성을 느끼지 못하고 있었다. 사회복지사 자격을 취득하려면 사회복지관련 학사를 졸업해야 했기에 지금 생각해 보면 나는 순간 나름의 임기응변 격의 거짓말을 했던 것 같다.

그 뒤의 대화는 그리 길지 않았다. 현재 배분되고 있는 시설이 있고 기회가 되면 연락해 주겠다는 그런 상투적인 거절답변을 받고 사무실을 나왔다. 사무실로 돌아와 화끈거리는 얼굴과 가슴을 진정시켰다. '안 주면 그만이지 어느 학교 나왔는지는 왜 물어봐?' '사회복지사만 이 분야에서 일하라는 법 있나?' '어디 대학도 못 나오고 사회복지사 자격증도 없는 사람 서러워서 살겠느냐고…' 이렇게 구시렁거리면서 하루를 보내고 나니 오기가 생겼다. '그래 대학교도 졸업 못했다, 사회복지사도 아니다, 그래도 어디 한 번 받아내 보자!'

맘을 추스르고 자리에 앉아 나누리 복지재단과 연관이 있을 법한 통로를 찾아보기 시작했다. 기업복지재단이니까 기쁨 복지재단의 이하늘 간사를 통해 물어봐야겠다고 생각하고 수화기를 들었다. (사실 기쁨 복지재단을 알게 된 것도 나의 무식함이 빛을 낸 결과였다. 당시 옷이 필요했고 의류제조업체인 기쁨 기업이라면 내 요구를 받아들여 줄 것 같다는 생각에 무작정 전화번호부를 뒤져 회장실에 전화했다. 지금 생각해 보면 그 회장실 비서도 꽤 좋은 사람이었던 같다. 비서는 한참 내 이야기를 듣고 있다가 "우리 기업에서는 별도의 복지재단을 운영하고 있습니다. 그곳에 전화해서 상담하시는 것이 도움이 될 겁니다."라며 전화번호를 안내해 주었다. 그 인연으로 알게 된 사람이 이하늘 간사였다.)

마침 이하늘 간사는 김산 국장을 잘 알고 있었다. 나는 다시 이하늘 간사의 소개로 나누리 복지재단을 찾게 되었고 김산 국장은 내가 속한 조직과 후원 제안에 대해 진지하게 들어주기 시작했다. 인맥으로 이루어진 효과였으리라 짐작하지만 내 오기의 결과이기도 했다.

그 이후 꽤 오랜 기간 나의 소속 단체는 나누리 복지재단에서 정기적으로 후원물품을 받게 되었다. 김산 국장님은 지금은 퇴사하여 다른 일을 하시지만 우리는 가끔 그때의 이야기를 술안주 삼아 술잔을 기울이는 오랜 친구가 되었다.

워낙 사회복지사에 대한 자긍심이 높았던 김산 국장은 사회복지사가 아닌 그것도 복지에 대해서 전혀 모른다고 생각되는 웬 여자가 다짜고짜 찾아와 화장품을 후원해 달라고 한 것이 괘씸하기도 하여 서둘러 돌려 보냈다고 훗날 들려주었다. 그러나 이틀도 되지 않아 인맥을 동원해 물어물어 다시 찾아온 내가 기특하고 배짱 있어 보였기 때문에 나를 전폭적으로 지지했다고 한다. 그 이후로도 국장님은 내게 사회복지사가 돼야 한다고 계속 압력을 넣었다. 나 자신도 사회복지시설에서 일하려면 자격증 없이는 더 이상 커 나갈 수 없다는 것을 알고 나서 부랴부랴 대학을 졸업하고 석사까지 할 수 있었다.

지금 생각해 보면, 이렇게 세상 무서운 줄 모르고 용감하게 뛰어들 수 있었던 것은 내가 정말 아무것도 몰랐기 때문이었다. 냉정한 사회질서도 몰랐고 상처받을 자존심조차 없었던 그때는 사회복지사가 아닌 사람을 일꾼으로 보지 않는 업계의 불문율을 이해할 수 없었다. 그러한 무식함이 나에게 용기를 선물했던 것은 행운이었다.

그러나 참 이상하다. 그때 갖지 못했던 학력과 자격증, 화려한 경력은 차곡차곡 쌓였는데, 열정과 용기보다는 이유와 변명만이 늘어나는 것은 왜일까.

우린 무늬만 전문가인가요?

"우리는 전문가의 자질을 갖추기 위해 노력하고, 이 사회를 변화시키는 주역으로서의 사명감으로 일해야 합니다. 모금가는 앞으로 그 어떤 직업보다 전문가로서 대접을 받을 것입니다. 그러나 비영리조직에서 일하는 모금가들은 기부자가 후원하는 물질의 소중함과 자원을 아껴야 합니다. 자원을 기다리는 소외된 이웃들을 위해서 어려운 근무여건을 참아내야 합니다." 강의를 정리하며 박원순 이사가 한 말이다. 이 말이 끝나자마자 나는 손을 번쩍 들고 질문을 했다.

"저, 질문이 있습니다. 모금가가 비영리조직의 역량을 키워나가고 사회를 변화시킬 수 있는 전문가라고 말씀하셨는데 동시에 어려운 근무여건을 참아 내야 한다는 것은 이치에 맞지 않습니다. 의사나 변호사처럼 모금가도 전문적인 재능에 대해 사회에서 평가받고 인정받아야 하는 것 아닌지요."

박원순 이사는 내 질문이 끝나자마자 다음과 같이 되물었다.

"정현경 씨는 부자가 되고 싶습니까?"

"아니요, 꼭 그렇지는 않습니다만…."

"정현경 씨가 질문한 것처럼 저도 모금전문가가 어디에서 일하든지 그들이 쏟아붓는 재능과 열정에 걸맞은 충분한 보상을 받아야 한다고 생각합니다. 그러나 대학교나 병원에서 근무하는 모금가를 제외하고 비영리조직이나 민간단체에서 일하는 실무자들은 조직의 목적사업을 수행하기에도 자금이 늘 모자란다는 것을 알고 있습니다.

그리고 기부자나 후원자들은 단체나 조직의 운영비나 실무자의 인건비로 자신의 기부금이 지출되기보다는 목적사업비로 지출되기를 바랍니다. 그러기에 조직과 단체의 실무자를 위해 자원이 사용되면 기부자들의 기부금으로 단체 역량만을 키우는 것처럼 오해받기 쉽다는 것이고, 이러한 현실에서 모금가의 전문성을 여타 전문직처럼 연봉의 높낮이로 판단하는 것은 바람직하지 않다는 것입니다. 목적사업의 달성을 위해 조직의 역량강화가 필요하고 이를 위해 모금전문가에게 투자하는 것이 꼭 필요한 조치라고 생각하는 기부자는 흔치 않다는 것이 현실이라는 거지요.

이 부분은 향후 인식의 전환이 있어야 합니다. 조직의 기반을 튼튼히 하고 조직에서 활동하는 인력에 대한 근로조건과 환경개선이 선행되어야 한다는 것은 저도 늘 염원하는 일입니다."

박원순 이사의 답변처럼 현실과 이상의 부조화는 나도 당연히 인정하는 바다. 사실 내가 정말로 하고 싶었던 말은 모금전문가가 전망 있는 직업이 될 수 있도록 박원순 이사가 관여한 단체들의 직원들부터 전문가 대접을 받을 수 있도록 조치해 주어야 하는 것 아니냐는 호소였다. 홈페이지에 게시되어 있는 그들의 급여는 너무 어이없는(?) 수준이었다. 이렇게 적게 받으면서도 그 많은 일을 한다는 것은 경이로운 일이다.

물론 이러한 사정을 잘 아는 기부자들은 "좋은 사람들이야, 정말 착한 사람들이야, 저런 급여를 받고도 이런 일을 하다니, 하늘이 내려준 사명으로 일하는 것이 틀림없어."라고 칭찬을 할 것이다. 그러나 그렇다고 해서 "이런 일도 전문가 대접을 받네, 도전해볼 만해."라고 생각하지는 않을 것이란 말이다. 비영리조직에서 일하는 사람이라면 당연히 적은 급여와 열악한 복리후생쯤은 견뎌야 한다는 그릇된 인식은 어찌 보면 우리 내부에서부터 바로잡아나가야 할 일이다.

비영리조직의 대표격이라 할 큰 단체에서부터 모금을 위해 일하는 직원들의 전문성을 인정해 주고 그에 걸맞은 최소한의 대우를 해 주어야지 다른 비영리조직에도 자극이 되어 영향을 미치리라는 생각, 비영리조직에서 일하는 활동가들이 일에 대한 정당한 보수를 받을 수 있어야 그들이 하는 일에 대해 좀 더 책임감을 느끼게 되고 더 높은 전문성을 쌓아가는 이유가 된다는 생각은 지금도 변함없는 나의 소신이다.

모금활동가가 된 '가바이 째데크'

두 번째 강의는 '모금에 대한 한치 더 깊은 이해'라는 주제로 (주)모금과 나눔'의 최영우 대표께서 해 주었다. 기부문화의 역사, 종교적 관점과 해석, 유대인들이 믿는 '자선'의 의미에 대한 생소한 이야기들도 재미났지만, 사람들을 자선으로 인도하는 랍비, 즉 '가바이 째데크'에 대한 설명부분에서 학생들은 크게 영감을 받았다. 모금전문가의 활동에는 하늘이 선택한 자만이 하는 일이라는 운명론적인 가치관이 존재한다는 말에서 우리 모두 '모금전문가'라는 직업에 묘한 신앙심을 느낀 것이다. 모금가는 모금가로서의 운명을 갖고 태어나며 모금의 피가 흐르는 사람만이 이 일을 할 수 있다는 자긍심을 함께 느끼게 된 순간이었다.

최영우 대표의 말처럼 Fundraising은 단순히 돈을 모으는 행위가 아닌 우리(단체)의 존재가치를 사회에 확산시키는 것이다. 내가 추구하는 가치를 알리고 사회적 공감을 끌어내는 일이 모금전문가의 일이자 운명이다. 가치의 전달자라는 사명 때문에 때론 기부대상자를 가르치려 한다거나 상대에게 억지로 감동을 주려는 의무감에 빠져 헤어나지 못하는 오류를 범하기도 하지만, 진실함과 솔직함, 겸손함에다 경청하는 자세까지 갖춘 모금전문가가 된다면 누구에게나 당당히 나설 수 있을 것이라는 최 대표의 말에 동감 또 동감한다.

이뿐 아니라 최 대표는 소액모금의 핵심기술, 거액모금의 성공법, 기부자 관리의 세세한 기법들까지 친절하게 강의했고, 그 모든 이야기들은 듣는 족족 살이 되고 피가 되었다.

나는 과연 모금가였나. 모금활동은 나를 설레게 했었나. 모금의 성공 여부를 떠나 기부대상자를 만나 이야기를 듣고 관계를 맺는 것에 흥이 났었나. 나는 고액기부자를 만나기 전날 밤 제안서를 100번이나 고쳐가며 뜬눈으로 지샌 적이 있었나. 강의가 끝날 무렵 이런 생각이 꽉 들어찬 나의 뇌는 너절해진 느낌이었지만, 나는 점점 모금전문가라는 직업의 묘한 매력에 빠져들어 가고 있음을 느꼈다.

좌충우돌 모금실습 1

무엇을 위해, 어떻게 모금할 것인가?
—모금 기획과 전략

모금전문기학교의 꽃은 모금실습이다. 모두에서 언급했듯이 이번 모금학교 교육과정은 크게 두 트랙으로 나뉘어 있다. 하나는 초빙된 강사의 강좌를 수강하면서 질의 토론하는 것이고, 다른 하나는 팀을 나눠 각 팀이 모금을 기획하고 이를 실천에 옮기는 모금실습 과정이다. 모금실습 과정은 학생을 총 5개 팀으로 나누어 3개월 동안 이어졌다. 내가 속한 조는 C조였고 총 9명으로 구성되었다.

누구를 위해 종은 울리나

우리 조의 구성원 대부분은 중간관리자 이상이었기 때문에 자신의 조직에서 일정한 결정권을 가진 사람들이었다. 나이는 28세부터 60세까지 편차가 심하였다. 이렇게 다채로운 구성원들이 모인 'C'조의 조장을 내가 맡게 된 이유는 입학식 첫 강의 때 박원순 이사에게 다소 당돌한 질문을 한 것이 눈에 띈 점과 서울에 거주 한다는 점 때문이다. 이곳에서만큼은 조용히 공부만 하고 가야겠다는 나의 의지 와는 상관없이 나는 내 운명을 겸허하게 받아들였다. 뭐 그리 크게 할 것이 있겠 나 싶었다. 그냥 조원들 출석 독려하고 과제물 좀 도와주고 하면 이럭저럭 졸업하 겠지 하고 생각했다. 그러나 조별 모금실습에 대한 설명을 듣는 순간 '이거 만만 치 않겠는데'라는 걱정이 앞섰다.

교육과정에 나와 있는 '모금실습안내'를 지면으로 처음 접했을 때는 딱, 초등 학교 자연시간에 개구리 배 가르는 실습을 한다고 선생님께서 말씀하셨을 때 '그 게 뭐가 어렵다고!' 하며 자신만만해했던 마음이었다. 얌전하게 알콜에 취해있는 숭늉 같은 색깔의 오동통한 개구리 배를 살며시 메스로 그어주는 일은 말괄량이 소녀에게는 그야말로 식은 죽 먹기였으니까.

하지만 담임(모금전문가학교 학생관리자) 선생님이 모금실습에 대해 자세히 설명하시는 것을 들으면서 내가 생각한 그런 쉬운 풍경이 아니라는 것을 깨달았 다. 내 상상 속 개구리 실험에 빗대어 말하자면 실험에 사용될 개구리도 우리가 잡아야 하고 무엇 때문에 이놈을 연구해야 하는지도 정해야 하며 어디를 길라야 할지, 어떤 도구로 사용해서 절단해야 할지, 무엇을 실험결과로 표출해내야 하는 지 우리 스스로 모든 것을 결정해야 했다. 개구리가 될지 두꺼비가 될지에 대한 원초적인 대상까지도 말이다. 더구나 우리 조원들은 오랫동안 함께한 조직원들이 아니라 방금 3~4시간 전에 만나 가볍게 목례만 한 사이인 데다가, 나이도 이력도 제각각이고, 관상을 보아하니 '나를 따르라.' 하면 순순하게 '예, 조장님.' 하면서 머리를 굽힐 눈빛들도 아니었다.

각 조가 모금실습 대상과 목적을 정하는 데 주어진 시간은 1시간이다. 벽에 붙여 모금계획을 보여줄 커다란 전지와 매직을 들고 3층 객실에 모인 우리는 무엇을 모금할 것인지에 대해 토론을 시작하였다. 처음에는 서로 눈치만 보면서 별다른 발언을 하지 않던 조원들이 일정한 시간이 지나자 봇물 터지듯이 각자의 생각을 쏟아내기 시작하였다. 30분이 지나도록 '무엇을 모금할 것인가?'에 대한 의견을 나누었지만 좀처럼 윤곽이 잡히지 않았다. 순간 나는 첫 번째 시간에 참여 학생들이 자신을 소개하던 것이 생각났다.

"수업료 100만 원 때문이라도 열심히 하겠습니다."

"직장에서 100만 원 지원받고 나온 터라 수업이 끝나면 그날그날 보고서를 회사에 제출해야 하는 부담이 있습니다."

"제가 우리 조직에서 대표로 수업을 듣고 매주 월요일마다 교육내용을 전하기로 하고 전액 지원받았지만 직원들 대상으로 교육할 것이 걱정입니다."

"오고 싶어서 마이너스 대출받고 왔습니다."

"반은 회사에서 지원받고 반은 제가 냈죠."

"모금전문가학교에 오고는 싶은데 재정적으로 어려워서 개인후원자 18명을 모아 그들이 지원한 기부금을 받아서 왔습니다. 수업 듣고 나서 수업내용을 저를 위해 모금한 사람들에게 나누어줄 것입니다."

자기소개를 하는 사람마다 수업료 100만 원이 부담되었는지 100만 원의 출처에 대해 모두 한마디씩 하였다. 모금전문가학교의 입학을 두고 수업료 때문에 망설인 사람이 나뿐만이 아니었던 것이다. 나는 조원들에게 내 의견을 피력했다.

"우리 모두 공통된 점이 하나도 없네요. 사는 곳도, 일하는 조직도, 조직 안에서의 지위도, 게다가 나이도. 모금이라는 하나의 주제를 가지고 우리의 모든 것을 묶어 큰 힘을 발휘할 만한 것을 찾지 못하면 이 모금실습을 잘 해 나갈 수 없으리라 생각해요."

"맞아, 자주 볼 수도 없고 또 자기의 본업이 있는데 모금실습에 시간투자를 많이 할 수도 없고." 제일 연장자이신 이경기 씨가 말했다.

"하고는 싶어도 마음처럼 많은 참여는 어려울 거예요." 외국인노동자에게 복지서비스를 지원하는 이정화 씨도 이경기 씨의 말에 동의하면서 덧붙였다.

"그래서 우리가 정하는 모금주제는 우선 다 같이 흥이 나서 할 수 있는 공통의 공감대가 있어야 해요. 그리고 학교생 전체의 참여가 필요하며, 모금에 필요한 자원을 좀 더 쉽게 모을 수 있는 접근성도 강해야 하고요."

이렇게 시작된 모금 주제 선정의 원칙은, 첫째, 모두 신나게 할 수 있어야 하고, 둘째,

조원뿐 아니라 학생과 학교 전체가 참여할 수 있는 공통의 주제가 있어야 하며, 셋째, 어차피 모금전문가학교의 학생들이므로 앞으로 배우는 것을 그대로 적용할 수 있도록 하고(배운 대로, 즉 교과서대로 하자는 것), 넷째, 내부자원을 충분하게 활용하여, 다섯째, 목표한 모금액은 꼭 달성하자로 결정했다.

이 모든 여건을 만족할 만한 모금 주제는 무엇일까? 모두 곰곰이 생각에 생각을 거듭하다가 모금의 수혜자가 바로 우리 자신이라는 사실을 발견하였다. 우리는 즉시 모금전문가학교를 수강하고 싶지만 물질적인 부담 때문에 고민하는 잠재적 입학생인 미래의 2기 수강생들을 모금수혜자로 정했다. 이렇게 결정을 하고 나니 모두 황금열쇠를 쥔 사람마냥 스스로의 창의성에 만족해 환호성을 질렀고 더 나아가서 이 모금의 부수적인 효과들까지도 주르륵 만들어내기 시작했다.

"이것이 잘만 되면 모금전문가학교의 모금실습 전통이 될 수 있겠네요."

"맞아 1기가 2기를 위해 모금을 하고 2기는 3기를 위해 3기는 다음 기수를 위해."

"그렇지! 그렇게 되면 모금전문가학교에 다니는 학생들의 결속력은 말할 것도 없을 거야."

"그뿐이겠어, 모금전문가학교의 가치도 높아지고 브랜드도 생길 거야."

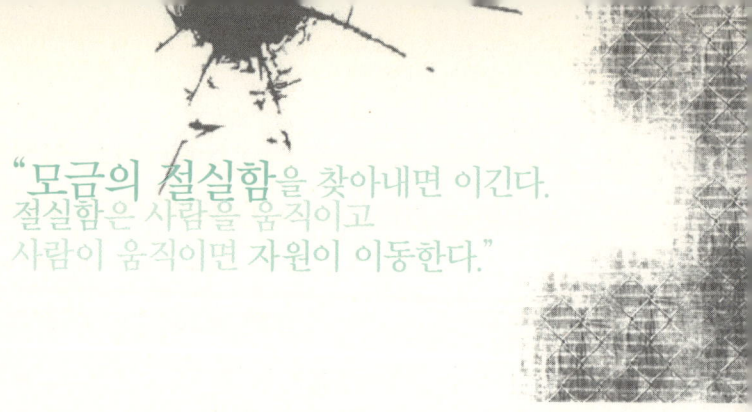

"모금의 절실함을 찾아내면 이긴다.
절실함은 사람을 움직이고
사람이 움직이면 자원이 이동한다."

"전 세계를 통틀어서 학교를 위해! 다음 후배를 위해! 모금을 하는 학생들이 어디 있겠어!"

"우리가 처음일 거야."

생각을 맞추고 함께 성취하고자 하는 목표가 서로에게 공감되자 우리 조원들은 이미 성공 이상의 자신감을 느끼게 되었다.

어떠한 문제에 대해 머리로 인식하는 것이 아닌 가슴으로 감당해내는 절실함이 있다면 그 문제는 이미 해결된 것이나 다름이 없다. 특히 모금가는 자신이 추구하는 모금의 명분이 그 누구보다도 절실해야 한다. 대상자를 위해 철저하게 눈물을 흘리지 못한다면 사회적인 공감은 얻을 수 없다.

백문이 불여일견이라. 장애인? 독거노인? 조손가정? 새터민? 아줌마연대? 연탄나눔운동? 모금을 준비하기 전에 대상자들의 삶을 경험하고 대상자의 수요, 즉 필요를 스스로 체득하여서 얼마만큼 무엇이 필요한가를 절절하게 알아야 한다. 현장을 벗어나는 모금가는 절대 성공하지 못한다. 모금실습에서 우리 조원들이 하나로 묶일 수 있었던 이유도 절실함과 그것을 해소하는 방법에서 일치점을 찾아냈기 때문이다.

4-4-2든 4-3-3이든 전략이 필요해!

우리는 우리 조의 명칭을 '한 명 더' 조로 명명하고는 우리의 모금 기획은 "모금전문가 '한 명 더' 프로젝트"로 정했다. 목표가 정해졌으므로 4-4-2든 4-3-3이든 전략이 필요했다. 우리는 어떤 방식으로 모금해야 할지 전략을 세우는 과정도 일사천리로 진행했다. 우리 모두의 일이라고 생각하니 자연히 자원개발은 가까운 데서 찾아야 한다는 결론이 나왔고 오늘 짧게나마 배운 몇 가지 기술을 적용하기로 하였다.

그 첫 번째가 모금조직의 이사회를 조직하는 것이었는데, 우리는 '한 명 더 클럽'을 이사회의 이름으로 삼았다. 이사회는 기부자(특히 고액기부자)의 위치를 잘 알고 있어야 한다. 그러니까 모금의 양을 증가시킬 수 있는 인맥이 풍부한 사람들로 이사회를 구성해야 하는데 이들 이사진은 모금활동에서 매우 중요한 구실을 한다. 또한 이사진은 모금활동에 상징적인 '얼굴마담'으로 소액기부자들에게 기부모델이 되고 조직의 신뢰성을 더해 줄 것이다. 뿐만 아니라 이사들에게도 그들이 가진 자원과 재능을 요청해 우리의 모금목표를 채울 계획을 세웠다. 우리가 선택한 이사회 명단은 모금전문가학교 박원순 교장, 아름다운재단 윤정숙 상임이사, 류무종 기부문화도서관장, 그리고 학생회 초대회장인 나도선 울산대 교수로 선정했다.

두 번째 전략은 강사들에게 기부를 요청하는 것이었다. 강사진의 약력을 보니 대부분 우리와 같은 비영리조직에 근무하거나 기업사회공헌 실무자, 대학교 교수, 회계, 법률 등 분야별 전문가들이었다. 학생들이 학교와 후배를 위해서 장학금을 모금하겠다는데 선생님들이 가만있을 리 없다는 확신을 했고, 현금기부가 아니더라도 강사들의 강의를 기부받을 수 있으리라 생각했다.

세 번째는 역시 개인 후원인 모집이다. 우선 우리가 스스로 자발적인 기부의 본을 보이고 만 원 이상 후원할 수 있는 후원인을 각 조원당 최소 5명씩 개발하기로 했다. 아울러 이 전략은 '모금의 기초'인 '요청하라'에 대한 개인별 실습에 해당하기도 한다. 또한 이런 우리의 모습이 전체 학생들에게 전파되어 동지애적인 모금의 분위기가 조성될 것이라 믿었다.

네 번째는 하우스파티를 여는 것이다. 원래 하우스파티는 기부자들과 조직에서 활동하는 자원봉사자들을 위해 여는 것이며 모금조직의 사무실이나 거점공간에서 실시하는 것으로 목적성 기부와 겸해서 하는 것인데 모금전문가학교가 끝날 무렵 졸업식과 함께 하는 형태로 하되 강사로부터 받은 강의 기부권, 물품 판매와 경매 등 다채로운 이벤트를 가미하여 운영할 계획을 세웠다. 우리 조원 중 기무(氣舞) 체조를 직접 가르치는 정찬후 씨가 하우스파티에 동료 사범들과 함께 재능을 기부하겠다고 하였으며, 부천 외국인노동자의집에서 근무하는 장정화 씨는 필리핀 노동자들의 공연을 섭외하여 참여하겠다고 하였다.

마지막 다섯째는 하우스파티에 판매될 물품과 경매용품, 그리고 참여한 모든 사람들에게 주어질 기념품에 대한 물품후원을 확보하는 것으로 모금활동의 전략을 수립했다.

조원들의 개별적인 아이디어가 커다란 전지에 하나씩 채워졌고 이 그림은 우리가 모금활동을 위해 여행해야 할 지도로 탈바꿈되었다. 아이디어를 모아 판을 짜는 나에게 조원들은 칭찬을 아끼지 않았다. "뭐 이런 걸 가지고…."라며 겸손의 미소와 손짓을 내보였지만 아이디어 개발이라든가, 기획하는 것에 흥미를 느끼고 있던 나는 왠지 뿌듯했다.

과연 사람들이 좋아할까?

주어진 시간보다 20분을 더 사용하고 서둘러 내려간 교육장소에는 아직도 전지를 붙잡고 모금실습 계획을 세우느라 분주한 다른 조들이 눈에 들어왔다. 느긋하게 다른 조의 모금계획을 훔쳐보던 우리 조원들은 서로 의미 있는 미소를 지으며 자신감에 넘쳐있었다.

A조 발표, B조 발표가 끝이 나고 우리 C조의 발표가 시작되었다. 발표가 끝나자 강의실에 모인 모든 사람들은 큰 박수를 쳤다. 우리의 모금 프로젝트가 모두가 공감하고 만족할 만한 창의적인 모금계획으로서 공인받는 순간이었다.

최종 평가를 받는 자리에서 박원순 교장선생님은 우리의 프로젝트를 높게 평가하며 나를 비롯한 우리 조원들이 어깨가 으쓱해질 정도로 길게 격려해 주셨다.

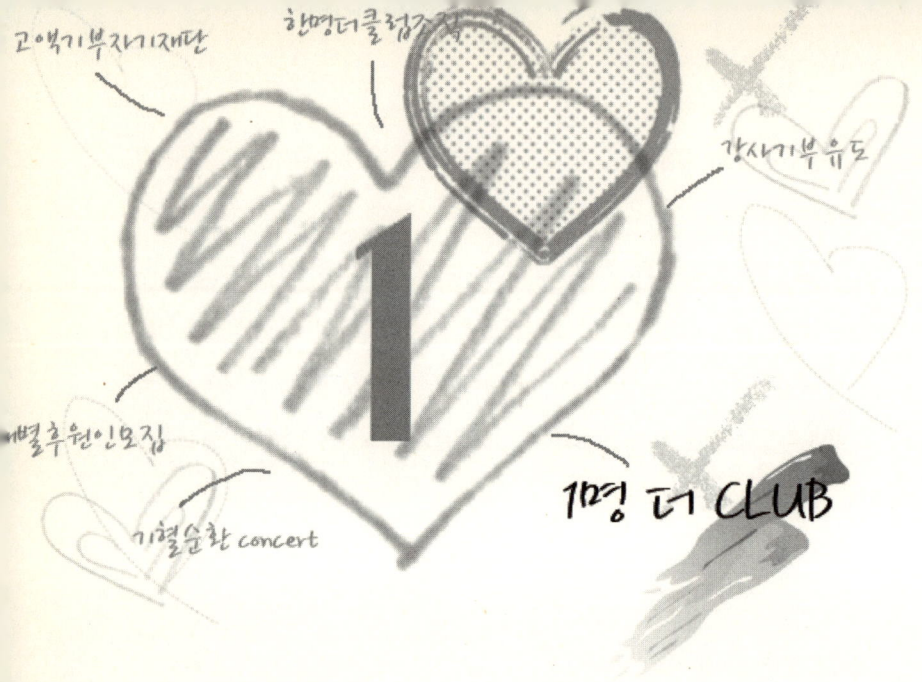

그날 저녁 뒤풀이 자리에서까지 '누구의 아이디어냐,' '어떻게 그런 생각을 하게 되었느냐,' '대단하다.' 하며 놀라워하셨다. 어디 박원순 교장선생님뿐이랴. 운영진과 강사, 다른 조원들까지 모두 한마디씩 던져가며 우리의 모금계획에 관심과 애정을 아끼지 않았다.

너무 행복했다. 특히 처음 만난 우리 조원들에게 신임을 얻었다는 것 자체가 큰 힘이 되었다. 그날 밤 나는 모금전문가학교 생활이 더욱 신명날 것이라는 기대를 품고 달콤한 잠에 빠져들 수 있었다.

아이디어맨? 기획전문가!

 같은 주제라도 다르게 표현해야 사람들의 호기심을 끌 수 있다. 이것이 성공한다면 사람들의 호기심은 관심이 되어 기부행위로 자연스레 연결된다. 좀 더 다르게 표현하기! 좀 더 색다르게 보여주기! 좀 더 참여하게 장치하는 기획과정은 작은 아이디어에서 시작된다.

 4월 20일은 장애인의 날이다. 연례행사처럼 장애인의 날이 포함되어 있는 4월에는 기업들도 장애인과 함께하는 사회공헌 활동을 하고싶어 한다. 장애인을 위한 일시적인 모금, 장애인과 함께하는 나들이나 여행, 문화활동지원 등이 대부분이다.

 참사랑 기업에서도 장애인의 날을 맞이해서 하루 정도 함께할 수 있는 프로그램을 의뢰해 왔는데 단발적인 나들이나 체육대회보다는 이번을 기회로 참사랑 기업과 꾸준하게 연속성을 가질 수 있는 행사를 만들고 싶었다. 그래서 생각해낸 것이 제1회 참사랑회장배 줄넘기 대회였다. 보편의 운동회나 체육대회보다 단일종목의 아이템이 홍보나 행사운영에 집중성을 높일 수 있다고 생각했고 행사명에 제1회라는 말을 넣어 다음 해에도 지속적으로 해야 한다는 소망을 은연중에 내포하였다. 또한 참여 회사의 이름을 넣어 독자적인 브랜드를 심어주어 기업에 대한 홍보도 함께 고려하였다.

제1회가 성황리에 진행되었고 2회차가 되는 시점에서 다시금 동일한 행사를 진행하게 되었는데, 나는 지난해와 동일한 패턴으로 진행되기보다 색다른 차별성을 두어 홍보와 모금의 두 마리 토끼를 잡아야겠다고 생각했다.

줄넘기 손잡이에 동전을 넣어 업그레이드 된 동전줄넘기대회를 열자고 제안한 것이다. 기업 임직원들이 줄넘기 대회를 위해 줄넘기 손잡이에 넣을 동전을 미리부터 모금하고 그렇게 모금된 동전줄넘기를 이용해 대회를 치른 후 손잡이에 들어 있는 귀한 모금액들이 장애인들의 생활지원을 위해 사용된다는 이야기 속에는 사람들이 귀를 기울일 만한 소재들이 많이 포함되어 있었다. 물론 줄넘기 손잡이를 아크릴로 제작하기 위해 직원들과 을지로와 충무로를 뒤져가며 발품을 팔아야 했고, 400개의 동전 막이 고무패킹을 만들기 위해 주말을 통째로 반납하고 서울시 전역을 뒤진 동료도 있었다. 그 모든 노력이 더해져 이 작은 아이디어에서 시작된 참사랑회장배 줄넘기 대회는 소위 대박이 났다.

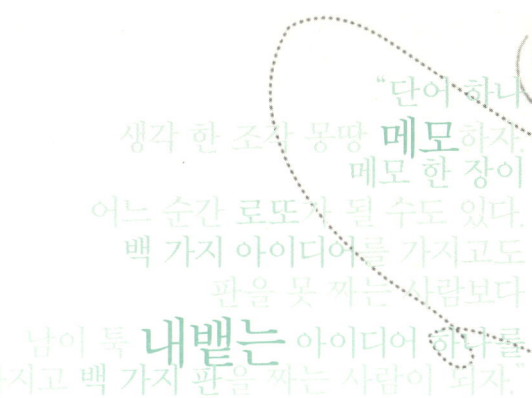

"단어 하나 생각 한 조각 몽땅 **메모**하자. 메모 한 장이 어느 순간 로또가 될 수도 있다. 백 가지 아이디어를 가지고도 판을 못 짜는 사람보다 남이 툭 **내뱉는** 아이디어 하나를 가지고 백 가지 판을 짜는 사람이 되자."

아이디어를 만들어 내는 것도 중요하지만 아이디어가 결과로 승화될 수 있는 기획과 준비는 우리의 과중한 업무를 더욱더 거대하게 만들곤 한다. 하지만 끊임없는 생각과 쉬지 않고 움직이는 우리의 손과 발로 인해 창출되는 결과물들을 볼 때마다 역시 작은 아이디어였지만 아주 멋진 기획으로 탈바꿈했다는 생각에 뿌듯함을 느끼게 된다.

따지고 보면 생각 없는 사람이 어디 있겠는가. 즉 아이디어 없는 사람은 없다는 것이다. 단지 그런 생각들을 내뱉었을 때 주위반응이 두려워 말을 아끼는 것일 뿐이다. '뭐 그런 생각을 했어.' '그런 것도 아이디어야?' '내가 옛날에 했던 구상이네.' '자기가 입사한 지 얼마 안 돼서 그러나 본데 여기는 그런 아이템이 통하지 않아.' 하는 타박이 걱정되기도 하고, '거 좋은 데, 그래서 어떻게 기획하면 될까?' 와 기발한데, 그다음은?' '정말 대박이겠어. 세부적으로 기획안 만들어서 오늘 저녁까지 제출해!' '음. 한번 해볼 만한데. 당신이 제안했으니 어디 잘 만들어봐.' 하는 무한 책임주의가 부담스러워 빤짝이는 아이디어가 있어도 입을 다문다.

하지만 '우리 집 장롱에도 금두꺼비 많거든요!'라고 속으로 아무리 외친들 소용이 없다. 아이디어를 문자로 옮기고 '기획'이라는 모양을 갖춰 세부전략까지 만들어내는 정교함이 우리에게 필요하다. 자로 잰 듯한 패스와 이어지는 정교한 슛. 대한민국 축구대표팀뿐 아니라 우리 자신에게도 필요하다.

돈, 누구냐 넌?

입학식 이튿날 아침, 하룻밤에 만리장성을 쌓는다고 아침부터 학생들의 수다와 참견으로 교실은 떠나갈 듯 시끄러웠다. 어제 마무리하지 못한 모금실습 회의를 아침까지 하는 다른 조의 모습도 보였고 각자의 조직에 대해 깊이 있는 질문과 답변으로 논쟁 수준의 언성을 높이는 사람들까지, '우리가 진정 어제 만난 사람들일까?' 하는 의문이 들 정도였다. 같은 일을 한다는 것만으로도 동지애를 넘어 전우애를 능가하는 기운이 학생들을 이어주고 있었다.

그날 아침은 '돈' 이야기로 시작되었다. 아름다운재단 전현경 국장의 사회로 진행된 강의는 무척 흥미로웠다. 살아오면서 정의한 '돈'의 의미, 그리고 '돈'을 요청하는 일이 우리에게 주는 의미, 한국에서 '돈'이란 어떤 존재이며, 한국에서 '돈'을 모으는 것과 '모금전문가'로 일한다는 것은 과연 어떤 의미인지에 대해서 우리는 서로의 생각을 나누었다. 우리가 얻고자 하는 '돈'의 실체와 '돈'에 대한 다양한 가치관을 잘 알지 못한 상태에서 지금껏 모금을 해 왔다는 것이 그저 놀라울 따름이었다.

내 기억 속에는 '돈'과 관련된 몇 가지 일들이 강렬하게 남아 있다. 학생 시절 먼 길을 걸어다니며 모은 회수권으로 떡볶이를 사먹던 기억, 19살 때 첫 월급 250,000원을 은행이 카드 값으로 인출해가는 바람에 잔액 0원만 기재된 통장을 허무하게 바라보던 기억, 대학교 입학금이 없어 학교를 포기하려고 할 때 자신이 받은 원고료를 몽땅 나에게 기부한 직장 상사에 대한 기억. 사실 돌이켜보면 마지막 경우만 빼고는 돈 때문에 큰 고생을 하지는 않았던 삶이었다. 나에게 '돈'이란, 좀 더 품위있게 살아가게 하는 도구였다. 그러나 다른 이들에게는 '돈'이 곧 생존일 수 있었다. 생존을 위해 투쟁하며 쟁취해야 할 삶 그 자체이며 권력과 힘의 상징일 수도 있었다.

우리나라에서 모금할 때 장애가 되는 요인은 무엇이냐고 강사가 질문하자 "사회복지공동모금회나 큰 비영리조직들처럼 소위 얼굴마담이 없다."라는 대답이 바로 나온다. 사회복지공동모금회처럼 법적으로나 제도적으로 힘을 받을 수도 없고 정·재계에 소위 알고 지내는 '빽'도 없으며, 규모가 큰 비영리조직처럼 유명한 '그 누가' 없어서 모금은 항상 이루기 어려운 주제라는 것이다. 어떻게 보면 모금시장이 과점 혹은 독점되었다고 보는 편이 나을 것이다. 돈이 돈을, 권력이 권력을 불러오는 자본주의적 원칙은 이 바닥에도 철저하게 적용된다고 모두 하소연한다.

그래! 바로 이런 이유 때문에 한국에서 성공할 수 있는 우리만의 모금기술과 문화를 만들고자 우리가 모인 것이 아닌가. 돈과 '빽'이 없더라도 똘똘한 명분 하나로 사람들의 주머니를 열게 하는 방법을 알려고 온 것이 아닌가. 돈이 힘, 권력, 세습이 아닌 교환, 분배, 공유의 도구가 될 수 있도록 우리가 한번 만들어 보자는 것 아닌가.

마치 여러 인생을 살아내는 명배우처럼

평범한 셀러리우먼인 나는 '사회복지사'라는 또 다른 사회적 지위 때문에 항상 소박한 삶을 추구하려고 노력했다. 이런 나의 노력에 스스로 감탄하면서 자족하고 만족해 왔다. '그래 사회복지를 하는 사람인데 너무 잘 하고 다니면 안 되지!' 하면서 유혹(?)이 많은 장소는 피했고 좋은 물건에는 아예 관심을 두지 않았다.

그러던 어느 날. 장애인 시설에 후원을 하고싶다는 한 수입업체를 알게 되었다. 시내 한복판에서 의류, 속옷류, 신발, 화장품, 각종 액세서리를 수입하고 판매하는 곳이다. 후원상남을 하기 위해 방문하였고 사장님은 현재 후원할 수 있는 물품을 이것저것 보여주시면서 "워낙 고가"라는 말씀을 자주 하셨다. '뭐 얼마나 비싸기에 계속 저러지.' 하는 맘에 조그마한 미니스커트에 달린 가격레벨을 보았고, 나는 깜짝 놀랐다. 어르신들 표현을 빌리면 손바닥만 한 천 쪼가리가 양복 두 벌 가격이었던 것이다. 화장품이며, 지갑, 벨트도 가격이 대단했다. 깜짝 놀라는 내 표정을 보고는 사장님이 한마디 하셨다.

"그거 게스 정품이에요, 이번 년도 신상이고요. 요즘 젊은 사람들 같지 않게 이런 것도 몰라요?" 되려 더욱 놀라운 눈동자로 나를 바라보는 그분의 표정을 잊을 수가 없다.

"아니 뭐가 이리 비싸요?" 난 본능적으로 촌스러운 질문을 던졌다.

"다 명품 수입품이고 정품이니까요."

"주로 고객이 어떤 분들이세요?"

"증권가에서 근무하는 분들이에요. 연봉이 억대니까, 이런 제품들을 구매하시죠. 게스, 아르마니, 샤넬, 구찌, 루이뷔통, 폴로, 베르사체 등 필요한 제품은 다 구해 드리는 편이에요. 꼭 월급을 많이 받아서 이런 제품을 사는 것은 아니고 은행직원들도 그렇고 이 빌딩에서 근무하는 작은 사업체 직원들도 많이 사가는데…"

"보여주신 상품 2개만 합쳐도 백만 원이 넘어가네요."

"청바지는 '게스'로 할까요 아니면 '프라다' 팬츠 종류로 할까요, '구찌' 제품으로 할까요? 필요한 부분을 말해 봐요."

"구찌, 샤~넬, 또 뭐요?"

"어머, 구찌, 샤넬, 게스 몰라요? 뭐 하긴 사회복지 하시는 분들이 뭘 알겠어요."

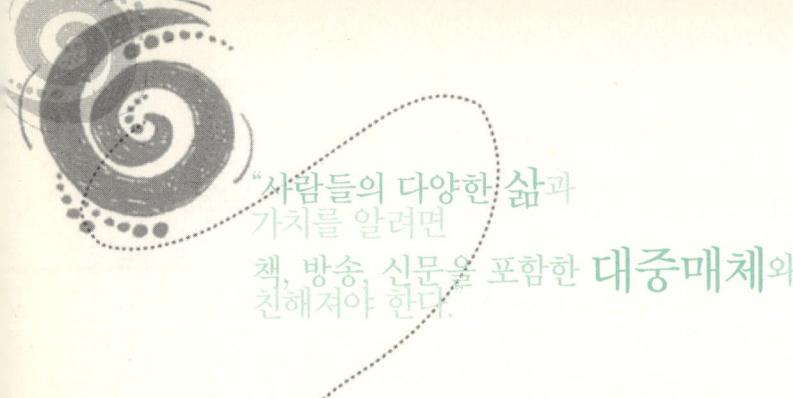

"사람들의 다양한 삶과 가치를 알려면 책, 방송, 신문을 포함한 대중매체와 친해져야 한다."

나로서는 그런 명품 모델명을 모르는 것이 천만다행이지 싶었다. 알면 갖고 싶을 것이고 소유하고 싶은데 소유할 수 없다면 얼마나 낙심이 되겠는가? 명품 샘플을 구경하고 갖가지 메이커에 대해 귀동냥을 하고서 사무실에 귀가하였다. 한편으로는 살짝 무시당한 것 같아 기분이 별로였지만 타인의 삶과 표현법, 또는 생활양식(의식주)에 대해 나는 얼마나 무지한가 하는 생각이 들었다. 사실 그동안 검소하게 살아야 한다는 생각 때문에 알려고 하지 않았던 것들이 실수라면 실수였다. 내가 몰랐기에 필요한 부분을 바로 요청할 수 없었고 선택할 수 없었다. 그러나 그보다 더 중요한 것은 이러한 나의 태도 때문에 기부대상자들과의 대화에서 번번이 공감대를 찾지 못해 안절부절못해 하거나 매끄럽지 못한 교감으로 관계의 물꼬를 틀 수 없었다는 점일 것이다. 더구나 자신이 가진 피 같은 돈을, 살 같은 물건을 기부하겠다는 사람 앞에서 그가 소유하고 있는 용역이나 재화가 갖는 가치와 의미를 이해하지 못하는 모습을 보인 것은 오히려 상대를 무시하는 것일 수 있다.

한참을 생각한 후 기부자들이 지닌 소중한 가치를 나도 같은 눈높이로 바라볼 줄 알아야 하고 인정할 줄 알아야 하겠다는 생각에 다다르게 되었다. 그것이 기부대상자에 대한 기본적인 존중임을 뒤늦게나마 깨달은 것이다.

모금가는 다양한 계층의 사람을 접하게 된다. 기부대상자는 그냥 재산이 많은 부자일 수도 있고, 취미가 골프인 사람, 그림 모으기에 몰두하는 사람, 혹은 와인 마니아일 수도 있다. 그들의 문화와 소비패턴을 파악하지 못해 그들의 관심 분야에 한마디도 참여할 수 없고 공감할 수 없다면 그들과 인연을 맺고 관계를 성립하는 첫 단추를 채우는 것조차 힘에 겨울 수 있다. 그렇다고 지금부터 골프 배워서 골프장에 서성거리고, 24개월 할부로 명품을 구입하며, 청담동 와인바에서 매주 한 차례 와인을 마시자는 이야기는 물론 아니다. 적어도 모금전문가를 꿈꾼다면 여러 다양한 매체를 통해 다양한 분야에 대해 관심을 두고 꾸준히 노력하는 배움의 자세가 우리에게 분명히 필요하다는 것을 강조하고 싶을 뿐이다.

전혀 지루하지 않았던 36시간의 일정이 끝났다. 1박 2일 동안 처음 만난 사람들과 세상에 대해, 사회에 대해, 사람살이에 대해, 물질에 대해, 돈에 대해 이토록 광대한 주제를 가지고 폭넓게 의견을 교환할 수 있다는 것이 놀라웠다. 그리고 사회변화에 대해 사명과 열정을 가지기를 원하는 예비전문가들이 한자리에 모여 3개월 동안 또 다른 모금을 꿈꿀 수 있다는 것에 흥이 나고, 나의 일상에 자극이 되었다. 무엇보다도 동역자가 40명이나 생겼다는 것은 대단히 흐뭇하고 든든한 선물이었다. 이들을 위해 힘이 되고 의지가 되는 동역자로서의 역할을 충실히 해야겠다는 다짐을 하며 나는 다음 수업을 기약하면서 일상으로 돌아갔다.

02

모금,
요청에서
감사까지

2009년 5월 16일, 강사: 서현선(전 아름다운재단 국제협력연구팀장)

❝ "우리 단체는 이런저런 좋은 사업을 하고 있습니다.
그러려면 당신의 후원이 필요합니다.
CMS 하나 해주세요."
우리는 늘 이런 식으로 기부를 요청한다.
사무실 한쪽 벽면에 부착된
후원자 등록현황에도 'CMS 증액 실적표'라고 적혀 있다.
직원 업무평가를 할 때도
"오늘 CMS 얼마나 모집했어요?"라고 확인한다.
내가 큰 실수를 했다고 자책하고
가슴 아파하는 지점이
바로 이 부분이다. ❞

'따로'국밥보다는 비빔밥!

1박 2일의 첫 교육이 지나고 두 번째 교육인 오늘은 비영리단체에서 가장 많이 알고 싶어 하는 모금을 위한 구조에 대해서 교육을 받는 날이다. 이미 나름대로 조직을 구성하고 있다지만 사실 '모금'을 위한 조직구성에 대해 만족하는 비영리단체는 적다. 비영리단체를 구성하고 있는 모든 것들이 몽땅 비영리스럽다 보니 조직의 목표와 모금의 명분을 성취하기 위해 영리스럽게 구성한다는 것이 어렵다고 다들 말한다. 과연 보기에는 비영리스럽지만 먹기에는 영리스러운 외형은 무엇일까?

강사로 나선 서현선 팀장은 모금을 위한 구조에서 세 가지를 강조했다. 첫째, 조직의 명분, 둘째, 기부자에 대한 개념, 셋째, 기부자에 대한 예우다.

첫째, 조직의 명분은 조직의 미션과 비전에 대한 조직원들의 앎과 공감이다.

우리는 어떤 변화 속에 있는가? 나는 누구인가? 우리 조직은 왜 존재하는가? 우리 조직은 미션을 달성하기 위해 어떻게 성장해야 하는가? 즉 우리 조직이 무엇을 위해 일하고 있으며 무엇을 목적으로 어느 방향으로 전진하여 궁극적으로 무엇을 얻으려고 하는지를 조직원 전체가 알고 있어야 하고 공감해야 한다.

조직에서 일하는 사람에게 "당신과 당신 조직은 무엇을 위해 일하나요?"라고 말하면 명쾌하게 답을 하는 사람이 그리 많지 않다. 대답을 하더라도 뜬구름 잡는 식이거나 한참을 우물거리면서 겨우 답하거나 듣는 사람이 잘 알아듣지 못하면 무언가 문제가 있는 것이다.

각자의 표현이 다를지라도 궁극적으로는 하나의 방향성을 가지고 나아가고자 하는 목적지를 정확하게 알고 있어야 한다. 조직을 운영하다 보면 가장 중요하지만 놓치기 쉬운 부분이 이것이다. 우리의 미션과 비전에 대한 깊이 있는 교육과 공감의 시간을 간과하게 되면 조직원들의 생각과 행동이 국적불명의 잡탕이 되어버려 이것도 넣고 저것도 넣어 한 끼 식사로만 만족하는, 허기 채우기에 급급해진다. 과학적인 재료의 양과 조화로운 조리법이 있는 비빔밥처럼 조직원들의 어우러짐이 조직 안에서 하나의 축을 향해 움직일 때 조직의 크기와 상관없이 매우 강한 힘을 발휘하게 된다.

아름다운재단도 시작한 지 10년이 지난 2008년도를 기점으로 외부적으로 쑥쑥 자랐지만 자라버린 키만큼 질적 성장의 정체를 느끼게 되어 팀장들을 중심으로 원인분석을 시작하였다고 한다. 사업의 활발한 운영과 조직원들의 역량에 비해 조화롭게 맞물려 돌아가는 느낌이 없어지자 차츰 조직원들이 힘겨워하기 시작했다는 것이다. 약 6개월 동안 팀장들이 머리를 맞대고 고민하면서 시작한 것이 아름다운재단의 미션과 비전에 대한 재정립이었다. 무엇보다 중요한 것은 조직원 한 사람 한 사람이 모두 자신의 의견을 제시할 수 있도록 균등한 장을 마련하는 일이었다.

그런 일련의 과정은 길고 지루하였으며 수행할 사업도 산더미 같은 현실에서 이게 과연 의미 있는 일인가 하는 회의감마저 느꼈다고 하니, 단체의 미션과 비전을 '재정립'한다는 것은 보통의 집념과 끈기가 없다면 해내기 어려운 작업임을 알 수 있었다.

'미션기술서'를 만들기 위해서는 이와 관련한 질문들이 필요하다. 아름다운재단에서 사용한 질문들을 나열하면 다음과 같다.

- 우리 조직이 추구하는 핵심가치들은 무엇인가?
- 우리 조직은 누구를 위해 봉사하는 조직인가?
- 우리 조직이 사회에 기여하고 있는 역할은 무엇인가?
- 누가 우리의 미션기술서의 청중인가?
- 우리 조직만이 제공하는 특화된 혜택은 무엇인가?
- 무엇이 우리 조직을 특별하게 만드는가?

- 우리 조직은 사회구성원들과 지역사회에 왜 중요한가?
- 우리는 어떠한 기술과 전문성을 통해 우리의 미션을 수행하고자 하는가?
- 우리 조직은 어떠한 Tone과 개성을 가져야 하는가?

이러한 질문을 바탕으로 미션기술서를 개발하는데, 개발과정은 다음과 같다.

- 미션기술서에 대한 다양한 의견을 듣기 위해 이사회를 소집한다.
- 미션기술서를 위한 TF/위원회를 만든다.
- 미션기술서의 핵심 청중, 스타일, 형식 등을 고려하며 진행일정을 짠다.
- TF팀은 브레인스토밍, 관련자료조사, 구성원 인터뷰, 설문을 거쳐 1차 조항을 만들고 위원회(혹은 리더쉽)와의 피드백을 진행하면서 2차 수정안을 완성한다.
- 외부 청중들의 피드백을 받아 3차 수정안을 완성하고
- 조직의 이사회, 후원자(기부자) 등의 검토를 거친 후 최종안을 만들고 이사회의 승인을 받는다.

아래로부터 재창조되어 다져지는 이러한 작업들은 시간은 다소 많이

> "조직의 **미션**과 비전을
> 조직원들과 함께 세우고 **공감**하라"

걸렸지만 다양한 조직원들의 가치를 하나로 엮어 조직 전체의 힘을 한곳에 집중할 수 있는 큰 효과를 거두었다고 한다. 미션과 비전이 관리자 따로 실무자 따로이거나, 관리자가 세운 미션과 비전을 실무자에게 강요하는 일은 일어날 틈이 없었다.

미션과 비전은 조직이 처음 탄생할 때만 필요한 것이 아니다. 시간과 공간이 흐르면서 조직을 둘러싼 사회환경의 변화에 발맞추어 미션과 비전도 유연한 변화와 적응이 필요한 것이다. 어우러지고 비벼질 때 각 재료의 색과 맛이 그대로 살아나면서도 더욱 차지고 빛깔 좋아지는 비빔밥처럼 우리도 '조화와 소통' 속에 아름답게 피어나는 공익의 가치를 부단히 갈고 닦아야 한다.

역시 사람이 먼저다

서현선 팀장은 둘째로 기부자에 대한 개념에 대해 이야기를 이어갔다. 간혹 비영리조직에서 기부자를 현금지급기 정도로 여기는 것은 아닌가 하는 인상을 받는다고 한다. 기부자를 변화의 가치에 참여하는 동역자로 여기지 않는다면 비영리조직에서 기부자는 자원창고나 교화의 대상일 뿐이다. 즉 돈과 자원을 얻을 수는 있으나 제일 중요한 사람을 얻을 수 없다는 점이 재삼재사 강조되었다.

나는 노트 메모 중 이 부분에 별표 다섯 개를 그려넣었다. 중요한 것은 사람이라는 말, 빨간 볼펜으로 별을 다섯 개 그려넣고도 좀 모자란가 싶은 진리의 말씀(!)이다. 나 역시 10여 년을 자원개발과 관련된 일에 종사하면서 뒤늦게나마 깨달은 부분이기도 하다.

'역시 사람이 먼저다.' 어찌 보면 이 진리를 모른 채 여러 해 모금 일을 해 온 나는 억세게 운이 좋은 사람이다. 사람 중심으로 모든 사업을 기획하고 진행하고 평가를 했다면 나는 지금보다 더욱 전문가다운 면모를 갖추었을 것이라 확신한다. 뒤돌아보면 나에겐 늘 사람보다 돈(자원)이 먼저였다. 돈에 초점을 맞추어 사업을 기획하고 돈을 위해 모든 주제를 선정하고 돈을 끌어오기 위해 사람을 만났다. 그리고 사람들 앞에서 "돈을 내놓으세요."라고 소리쳤다.

어떻게 하면 많은 돈을 얻어낼 것인가? 무엇을 이용하면 사람들에게 좀 더 정기적으로 기부금을 받아낼 수 있을 것인가? 돈을 모금하기 위한 요즘의 트랜드는 무엇인가? 주머니를 열게 하는 매개체는 무엇일까? 평화의 댐 건설과 IMF 때의 금모으기 운동처럼 한방에 거액모금을 할 수 있는 이슈는 무엇인가? 돈 많은 부자는 어떻게 하면 만날 수 있을까? 골프를 배워서 부자들 근처에 얼씬거려볼까? 나의 수준은 딱 그 정도였다.

그나마 다행인 것은 나에게 남다른 세상과 사람들에 대한 의리(?), 의협심(?) 뭐 그런 것이 있었다는 것이다. 어떻게 해야 사람들에게 기부하게 해서 소외되고 어려운 이들에게 펑펑 나누어 줄까? 거리에서 구걸하는 장애인을 봐도, 지하철 계단에서 보자기를 풀고 시들어가는 나물을 파는 할머니를 보아도 사랑의 리퀘스트 속에 나오는 심장병 어린이의 파란 입술을 보아도 나는 가슴이 떨린다. 심하게 말하면 말로 표현할 수 없는 정의감이 불타오르고, 가진 것이 있으면 나누고 싶고 없더라도 쪼개서 주고 싶다. 더구나 주변 사람들에게 이런 사실을 알려 돈을 그러모아

"우리가 하는 일은 '모금'(募金)이 아니라 '모인'(募人)이다"

저들을 도와야겠다는 생각이 간절하다. 아마도 이런 습성 때문에 나는 기부 요청을 스스럼 없이 할 수 있었고, 그렇기 때문에 사람들도 내 요청에 적절하게 응해 주었을지도 모를 일이다.

그러나 여기서 끝이었다. 나는 그다음에 있어야 할 것을 기부한 사람들에게 주지 못했다. 기부를 한 사람들에게 무엇을 줘야 하지? 감사편지? 기부금 영수증? 기부금 사용내역서? 아니면 우리 단체의 뉴스레터? 뭐 이런 것들은 어찌 보면 당연한 것들이다. 마치 은행에서 송금하면 무통장 입금 영수증 주듯이 이는 일종의 의무다.

그럼 무엇이 문제였는가. 작은 기부금일지라도 그것이 씨앗이 되어 점점 자라 그늘이 되어주고 좋은 목재가 될 큰 나무가 된다는 것. 이 세상을 풍요롭게 하고 우리가 함께 살 수 있는 아름다운 사회로 변화한다는 것. 바로 당신이 함께 참여해서 이런 변화가 이루어졌다는 것을 나는 그들에게 알려주지 못했던 것이다. 그건 사람이 아니라 돈이 이런 변화를 일으켰다고 믿었기 때문이었다.

기부자는 사회적인 변화를 소망하고 '희망'을 꿈꾸며 기쁜 마음으로 기부금을 낸다. 모금가는 이러한 기부자의 소망, 희망, 가치를 모아야 한다. 이것들은 끊임없이 사람을 자극하는 촉매제가 되어 사람을 움직이게 한다. 따라서 모금활동을 하는 사람은 '돈'을 보는 것이 아닌 기부를 하는 '사람'을 먼저 염두에 둬야 한다.

CMS(cash management service)는 은행에 직접가지 않아도 통신과 컴퓨터를 이용하여 은행계좌를 살필 수 있고, 주식의 매매정보를 처리할 수 있는 금융자산 결제방법이다. 그래서 비영리단체에서 정기후원자들이 매월 은행에 가는 번거로움을 덜고 편리성을 돕기 위해 후원금납부방법으로 채택하고 있다. 대부분 모금을 하는 단체는 회원들에게 CMS를 통한 정기적인 회비, 후원금을 모금한다. CMS는 후원자가 한번 신청만 하면 은행에 가서 직접 취소하지 않는 이상 계속 통장에서 정해진 일자에 빠져나오므로 대부분 후원자는 통장에서 빠져나가는 금액(소액일 경우)에 대해서 별로 신경 쓰지 않는다.

"우리 단체는 이런저런 좋은 사업을 하고 있습니다. 그러려면 당신의 후원이 필요합니다. CMS 하나 해 주세요." 우리는 늘 이런 식으로 기부를 요청한다. 사무실 한쪽 벽면에 부착된 후원자 등록현황에도 'CMS 증액 실적표'라고 적혀 있다. 직원 업무평가를 할 때도 "오늘 CMS 얼마나 모집했어요?"라고 확인한다. 내가 큰 실수를 했다고 자책하고 가슴 아파하는 지점이 바로 이 부분이다.

사회적 가치 변화에 참여할 '사람' 모으기에 목적을 두지 않았다는 점, '돈'을 사람보다 우선시하였다는 점 때문에 나의 모금활동은 딱 거기까지였으리라. 사람이 움직이면 '돈'은 그냥 따라오는 그림자일 뿐임을 왜 그때는 몰랐을까.

기부자는 또 다른 기부자를 낳는다

마지막으로 서현선 팀장은 기부자에 대한 예우가 중요하다고 강조했다. 기부자에게 구체적으로 무엇을 제공하고 있는지 해당 비영리조직이 확인하고 또 확인하는 것은 아무리 강조해도 지나치지 않다는 것이다. 아울러 기부자에 대한 예우 프로그램이 단지 기부에 대한 감사편지, 정기적인 메일, 기관의 소식지 발송만으로 그치고 있지는 않은지 각자의 조직으로 돌아가면 다시 한 번 확인해 보라고 당부했다. 기부자가 자신의 기부에 대해 만족하고 함께 성장해 간다는 인식을 할 때 재기부율은 높아지고 기부의 연속성이 확장되며, 한 명의 기부자가 또 다른 기부자를 낳는 놀라운 효과를 얻게 된다는 것이다.

이 이야기를 듣자 하니 딱히 기부자에 대한 예우프로그램이라고는 할 수 없지만 기억나는 에피소드 한 가지가 있다.

8년 전 우리 조직에서 봉사활동을 꾸준하게 하던 남학생이 있었다. 대학교 1학년부터 시작된 봉사활동은 3학년 2학기 말까지 이어졌는데, 공부에도 학교에도 취미가 없어 자칭 "교문 세워주고 대학교 갔다."라며 너스레를 떨던 봉사활동에 열심이었던 친구였다.

그 친구는 4학년이 되면서부터 취업준비 때문에 서서히 봉사활동을 줄이기로 하였고 우리 단체에서는 그간의 봉사활동을 감사하고 우리 조직원들의 아쉬움을 표현하고 싶어 그에게 협회장상을 주었다.

우리는 협회장상을 주는 것에 그치지 않고 남학생이 다니는 학교에 그 학생의 봉사활동과 협회장상을 수여하게 된 동기 그리고 봉사활동에 대한 학교 측의 격려와 치하를 요청하는 공문을 보냈다.

공문을 보내고 얼마 지나지 않아 그 친구가 간식을 한가득 사들고 사무실로 찾아왔다.

"웬일이니? 취업공부한다며? 게다가 평소에 안 하던 짓까지 하네!"

"누나 나 학교에서 장학금 받았다!"

"장학금? 누가?"

"아 참 내가 장학금 받았다고!"

"네가? 왜? 너 또 이번에는 학교에 잔디 깔아줬냐?"

"아이 참. 잔디를 왜 깔아! 봉사활동 잘했다고 학교에서 장학금 받았다고."

우리가 학교에 공문을 보내자 학과 조교는 그 내용을 학장에게 알렸

"거창한 **언론홍보**보다
기부자의 소속집단과 지역사회에 알리는
작은 선행이야기가 기부자에게는
더 큰 의미가 될 수도 있다."

고 학장은 학교의 이름을 빛낸 이 남학생에게 봉사활동에 대한 격려로 4학년 장학금을 준 것이었다.

"그냥 칭찬만 해 주라고 보낸 것인데 너희 학교 정말 훌륭하다."

"그러게 정말 좋은 학교야."

"치, 만날 학교 맘에 안 든다고 중얼거리더니만…."

"엄마도 좋아하셔. 공부는 안 하고 봉사만 하러 간다고 구박하시더니 오늘 여기 간다고 하니까 용돈 주시면서 맛난 것 사가라고 하시던데?"

"아무튼, 안팎으로 네가 대우받는구나. 어디 가서 네가 이런 대접을 받겠니. 다 좋은 일 하니까 그런 것이다. 그나저나 어디 네가 사온 간식 맛 좀 보자."

학교에 보낸 공문이 '장학금'이라는 예상치 못한 결과로 이어져서 우리도 그 친구도 한동안 무척이나 행복해 했다.

대부분 단체에서는 후원자나 자원봉사자들의 활동을 독려하고 감사하기 위해 단체장 이름으로 감사패를 수여하기도 하고 연말에는 '후원인의 밤' 내지는 '자원봉사자 연찬회'라는 이름으로 조촐한 잔치를 열어주기도 한다. 잘하는 일이다. 그러나 이러한 행사가 우리끼리 '서로 잘했다,' '너무 고생 많았다,' '당신의 선행은 역사에 길이길이 남을 것이다.'라고 격려하는 시간으로 끝나는 것이 아니라 그들의 가족과 직장 또는 학교, 그리고 지역사회에 선행을 알려 몇 배의 감사로 이어지게 하고 좋은 선행이 지속적으로 이어질 수 있도록 해야 하지 않을까.

물론 후원이나 봉사가 어떤 대가를 바라고 하는 것은 아니리라. '보이지 않는 뿌듯함' 그 한 가지를 위해 그들의 시간과 재능을 나눈다는 사실을 잘 알고 있다. 그러나 감사는 감사로서 끝날 것이 아니라 그들과 우리 주변에 알려야 한다. '좋은 일 하는 사람'으로 주변 사람들에게 그들을 인식시켜야 한다. 그래서 좋은 사람은 좋은 일을 하게 되고 그렇게 나눔의 혜택을 받은 사람들은 또 다른 사람들에게 다시 좋은 사람이 되어 좋은 일을 하게 된다. 기부자 예우프로그램을 기획해 시행한 것은 아니었지만 이렇듯 착한 일, 좋은 일을 주변에 알린 일은 뜻밖의 성과를 냈고, 나와 조직에도 좋은 경험과 선례가 되어 꾸준하게 실천해 오고 있다.

참. 아까 그 남학생은 좋은 직장 취업해서 착실하게 사회생활하고 있다. 시간에 쫓겨 봉사활동을 할 수는 없지만 정기후원자가 되어서 연락을 주고받고 있다. 결혼도 하고 아름다운 아내가 조만간 예쁜 아이를 낳게 될 것이라는 기쁜 소식도 들려온다.

좌충우돌 모금실습 2

종자돈 만들기

저녁 7시가 되어서야 수업이 끝났다. 모금실습은 정규수업이 끝나고 조원들이 모여 앞으로의 계획을 토론하고 실행 방안을 가다듬어 가면서 진행되었다. 지방에서 올라온 우리 조원들의 막차시간을 맞추기 위해 우리는 30분을 정해놓고 짧지만 굵은 회의를 시작하였다.

세부전략에 대한 내용에 앞서 우리는 우리 스스로 먼저 기부를 해야 한다는 지난번 모임의 의견을 되새겼다. 자발적인 조원들의 기부는 '나도 기부했다. 너도 기부해'라는 당위성과 자신감을 심어주고 주변 모금대상자에게는 우리 모금목적에 대한 확실성을 심어 줄 수 있는 것이라 믿었다. '종자돈'은 모금의 출발점이다. 종자돈은 내부에서 만들어야 하며 이것은 모금의 풍성한 열매를 맺기 위한 씨뿌리는 과정이나 다름없다.

사랑나눔복지재단 이경기 사무국장이 "수업 들으려고 광양에서 여기까지 매

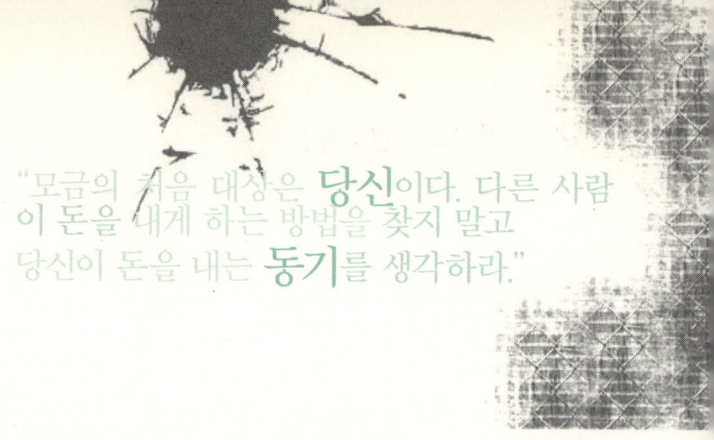

"모금의 처음 대상은 **당신**이다. 다른 사람이 돈을 내게 하는 방법을 찾지 말고 당신이 돈을 내는 **동기**를 생각하라."

주 비행기를 타고 다니는데 버스를 이용하고 거기서 남는 돈을 기부할게."라고 하자, 부천 외국인노동자의집 장정화 국장도 "모금학교 오기 전에 학비에 보태 쓰라고 개인적으로 기부받은 것 십만 원을 기부할게요."라며 금세 바톤을 이어받았다. 그 모습을 본 조원들은 차례대로 자신이 기부할 수 있는 모금 종자돈을 이야기하였으며 즉각적으로 실행에 옮겨 주었다. 단 몇 분만에 우리는 스스로 기부한 '종자돈'으로 70만 원이라는 모금액을 채우게 되었다.

집으로 돌아오는 버스 안에서 조금 전 보여준 조원들의 자발적인 행동을 상기시키며 모금의 첫 번째 대상은 바로 자기 자신이라는 사실을 깨달을 수 있었다. 자신의 주머니에서 돈을 꺼내 놓을 수 있을 정도의 명분과 설득력이 있다면 그 모금은 성공 성공, 대성공이다.

당신에게 어떠한 메시지가 왔을 때 당신의 마음이 움직였는가 생각해 보자. 그 메시지의 내용이 무엇이었기에 당신의 손이 움직여 주머니에서 돈을 끄집어내었는지 기억해 보자. 왜 그렇게 행동했는가? 곰곰이 되뇌어 보자. 당신이 지금

광양시 사랑나눔복지재단 이경기 사무국장

껏 살아오면서 기부를 전혀 하지 않았다면 이 질문과 해답은 당신에게 해당하지 않겠지만, 한번이라도 기부해 봤다면 정답은 이미 당신 안에 있다. 당신이 움직였다면, 다른 사람도 분명히 움직인다.

 모금의 명분과 목적은 나 스스로 합당해야 하고 내가 만족해야 하고 내가 돈을 낼 수 있어야 하고 그렇기에 내가 먼저 시작해야 한다. 모금의 첫 고객이 '나'라면 당신의 모금은 완전한 것이며, 사회적인 가치와 공동의 선에 합당했다는 증거일 것이다. 그래서 누군가 이야기하기를 모금가는 또 다른 기부자의 모습이라 했다. 기부를 준비하고 있는 사람들에게 좋은 모델이 되는 것은 모금가 바로 자신이기 때문이다.

03

'모금 캠페인',
기획과 전략

2009년 5월 23일, 강사: 김재춘(아름다운가게 정책국장), 류무종(기부문화도서관 관장)

❝ 이틀 후 나는 조사한 내용을 바탕으로
미리내 주식회사 박나리 대리에게
텔레비전 32대를 신청했다.
그런데….
"정현경 과장님. 너무 늦으셨네요.
전시된 텔레비전을 급하게 교체해야 하는 바람에
어제저녁에 아동복지시설 쪽으로 전부 출고했어요.
연락이 없으셔서 아동복지협회에 연락했더니
그쪽은 필요시설에 대한 수요조사가 이미 파악되어 있더라고요.
바로 연락해 주셨으면 좋았을 텐데…." ❞

거대한 전환, 모금은 경영이고 영업이었다

왜 이제야 알게 되었을까. 너무나 아쉬운 한 남자가 있다. 바로 아름다운 가게 김재춘 정책국장이다. 로맨틱한 이야기를 기대했다면 미안하다. 그는 비위 맞추는 감성적인 단어를 사용하기보다는 객관적이면서 냉정한 언어로 아픈 곳을 정확하게 짚어내며 모금 캠페인 전략을 강의했고 학생들에게 폭발적인 인기를 끌어낸 화제의 인물이다.

심 국장은 '모금의 기획과 방법'이라는 주제로 진행된 수업에서 모금에 대한 현장사례를 바탕으로 알짜배기 이론을 단방에 우리 앞에 펼쳐놓았다. 또한 모금이 전략화될 수 있는 요소요소를 구체적인 예와 함께 일목요연하게 정리해 주었다.

특히 모금을 구체적인 하나의 상품으로 개념화시킨 부분은 나에게 충격을 안겨주었다. 그야말로 패러다임의 거대한 전환이 일어난 것이다.

1기생 정찬후, 아름다운가게 김재춘 정책국장, 1기생 장명옥

특정 모금 캠페인에서 '구매'(기부) 가능성이 있는 '소비자'(기부자)를 타깃으로 설정하는 기법, 타깃과 소통하기 위한 메시지와 거래가치를 개발하는 기법, 이에 투입되는 인적·물적 자원을 예상해서 배치하는 기법, 캠페인 과정에서 상황마다 일어나는 현상을 정확히 분석해서 성공적으로 모금이 이뤄지도록 관리하는 기법까지. 이런 것을 과학적이라고 해야 할까. 마치 나는 삽을 들고 있고 김 국장은 포크레인을 끄는 듯한 기분이 들었다.

나는 여태껏 모금을 그냥 단순히 돈을 모으는 단편적인 행위의 개념으로 알고 있었을 뿐 내가 고객들에게 파는 '상품'이라고 생각하지는 못했다. 또한 기부자를 '소비자'의 한 사람으로 생각하지도 못했다. '모금'을 '상품'으로, '기부자'를 '소비자'로 바꾸어 놓고 그 의미를 생각해 보니 지금까지와는 전혀 다른 관점이 만들어졌다. 즉 모금을 경영적 마인드로 그리고 영업사원이 영업하는 자세로 하자는 뜻이다. 영업하는 사람이 자신의 상품에 대해 정확하게 알지 못하고 소비자에게 설명해 주지 못한다면 그 기업은 망할 것이 아닌가!

기부자는 기다리지 않는다

"정현경 과장님 안녕하세요. 미리내 주식회사 박나리입니다."

"어머, 박나리 대리님. 잘 지내셨어요?"

"그럼요. 다름이 아니라 이번에 공항에 설치되어 있는 텔레비전 제품을 신모델과 교체하는데 전시가 끝난 구모델을 장애인복지시설에 기증하려고 해요. 필요한 시설 명단을 빨리 보내주시겠어요?"

"아, 예. 금방 해서 보내드릴게요."

후원업무를 2년차 맡고 있을 즈음에 평소 잘 알고 지내던 박나리 대리의 전화를 받았다. 이 기업은 정기적으로 국제공항에 설치되어 있는 전시용 텔레비전을 신모델과 교체하고 교체된 구모델을 사회복지시설에 후원한다. 전화를 받자마자 즉시 서울에 있는 32개의 장애인생활시설에 공문을 보냈다. 텔레비전이 필요한지에 대한 수요조사였다. 나의 예상대로 거의 모든 시설이 텔레비전이 필요하다고 답변이 왔고 그 답변을 취합하고 문서로 정리하는 데 꼬박 이틀이 걸렸다. 보기에는 간단한 조사처럼 보이지만 시설 안에서도 행정절차가 있기 때문에 답변이 늦어질 수밖에 없었다. 이틀 후 나는 조사한 내용을 바탕으로 박나리 대리에게 텔레비전 32대를 신청했다.

그런데….

"정현경 과장님. 너무 늦으셨네요. 전시된 텔레비전을 급하게 교체해야 하는 바람에 어제저녁에 아동복지시설 쪽으로 전부 출고했어요. 연락이 없으셔서 아동복지협회에 연락했더니 그쪽은 필요시설에 대한 수요조사가 이미 파악되어 있더라고요. 바로 연락해 주셨으면 좋았을 텐데…."

화를 낼 수도 없고 그저 당황스럽기만 하였다. 언제까지라고 기한을 주던가. 이렇게 허무하게 다른 쪽으로 후원물품이 가다니. 속이 상할 대로 상했다. 물론 장애인시설 쪽에는 오지 못했지만 아동시설 쪽에 갔다니 이 모두 우리 사회 소외계층의 복지를 위한 일이겠거니 생각하면서 아쉬운 마음을 달랬다.

아무튼 그런 일이 있고 난 다음 그 일을 다시 곰곰이 생각해 보니, 나의 잘못이 더욱 컸다. 준다는 사람의 시간에 맞추어 신속하게 행동하지 못하고 준비가 부족했던 것이다. 가전제품처럼 우리의 일상에 필요한 품목이라면 더군다나 대규모 생활인이 거주하고 있는 사회복지시설이라면 굳이 수요조사를 할 필요까지 없었으며, 바로 모든 시설의 명단을 보내서 긴급하게 대응했어야 옳았다. 그래서 그런지 그 이후로는 우리 생활과 밀접한 후원물품이 나오면 나는 누구보다도 더 민첩하게 움직이곤 했던 것으로 기억된다.

이렇듯 생활 물품과 같은 유형적인 것뿐 아니라 의료비 지원 등과 같은 무형의 것을 지원하겠다는 의뢰도 종종 접하게 된다. 바로 얼마 전 한 기업에서는 장애아동 대상으로 수술치료비를 지원하겠으니 대상자를 추천해서 금일 중으로 답변을 달라는 요청을 해 왔다. 나는 즉시 장애아동이 거주하고 있는 10곳의 복지시설에 전화했다. 장애아동 중 수술치료가 필요한 대상자를 추천해 달라고 이야기했더니 10군데 시설 해당 후원실무자들 중, 단 한 명을 제외하고는 시설 내 간호사와 확인을 해보고 연락을 주겠다는 답을 했다. 나는 우선 대상자가 있는 한 군데 시설에서 장애아동에 대한 인적사항과 수술치료에 대한 부분을 문서로 받고 다른 시설에서 연락이 오기만을 기다렸다. 나머지 시설에서는 '간호사의 외근'으로 대상자에 대한 수요를 파악할 수 없다면서 하루 정도의 시간을 요청해 왔고, 나는 그 기업 사회공헌 담당자에게 사정을 이야기하고 하루의 시간을 더 얻어내야 했다.

다음날 치료대상자에 대한 인적사항을 얻어서 보내기는 했지만 후원담당자가 자기 시설에 생활하는 아동에 대한 의료적 필요를 모르고 있다는 것이 나로서는 의아했다. 시설 내 후원을 담당하고 있는 사람이라면 우리 시설에서 무엇이 필요한지, 시설을 이용하고 있는 이들의 수요욕구를 정확하게 파악하여 그 내용과 양을 알고 있어야 한다. 언제 누구라도 "해당분야의 재원을 지원해 줄 수 있는데, 그 대상이 있느냐."라고 했을 때 "예, 여기 있습니다." 하면서 보여줄 수 있는 만반의 준비가 갖추어져야 한다.

그 기업 사회공헌담당자도 걱정스러운 목소리로 "시설에 후원 담당하고 계신 분들이 자기 시설에 대해서 모르는 것이 너무 많은 것 같아요. 우리 시설에서 무엇이 필요로 한지, 긴급하게 제안해야 하는 것이 무엇인지도 갈피를 못 잡는 것 같고요. 그리고 후원을 담당하고 있는 실무자의 근무경력이 너무 짧아 무엇을 결정하는 것에 있어서도 신속함과 책임성이 없어요. '이런저런 것을 드리려고 합니다. 필요하세요?'라고 제안하면 '상의해 보고요. 제가 결정할 수 없어요.'라는 답을 하실 때 조금 답답하기도 하네요."

후원 담당자는 시설과 조직 내에서 어느 정도 결정권과 책임을 질 수 있는 사람이어야 한다. 대부분의 비영리단체에서는 신입직원에게 후원업무를 맡기거나 자원봉사 담당 업무를 주는데, 이것은 크나큰 잘못이다. 후원이나 자원봉사 담당자는 그 단체나 시설을 대표하는 사람이다. 물론 단체나 시설을 보고 후원을 하는 것이 사실이지만 시설에 대한 첫인상, 실무자의 대응에 따라 후원 여부를 결정하는 때도 왕왕 있다.

그런데 무엇을 물어보아도 "입사한 지 얼마 안 되어서…" "그 부분은 제가 결정할 수 없어서…" "아~ 우리 팀장님에게 여쭈어 보아야 하는

"우리가 필요한 모든 것을
언제 어디서나
보여줄 수 있도록 무장하라."

데요:…" "치료비 대상자요? 우리 간호사 선생님이 더 잘 아시는데." 한다면 주려고 하는 사람이 선뜻 믿고 맡길 수 있겠는가? 모금전략도 중요하고 모금방법도 중요하지만 기부금과 후원물품을 받을 준비가 되어 있느냐도 모금에 관련된 그 어떤 것 못지않게 중요하다.

사람보다 더 극적인 소재는 없다

만일 신제품을 시장에 처음 내놓는다면 어떻게 소비자에게 접근하고 강렬한 이미지를 줄 것인가? 이는 모금에도 똑같이 적용된다. 김재춘 국장은 차별화된 모금 도구(tool)와 진행방식을 찾아내는 일, 현금은 물론 현금화할 수 있는 비현금성 소재 등 그 특징에 따라 기부자의 시선을 끌 수 있는 다양한 방법을 고안하고 이를 실행에 옮기는 일이 매우 중요하다는 점을 강의 내내 강조했다. 특히 매체활용, 물품기증 혹은 판매, 모금시스템, 온라인 활용, 할당, 이벤트, 대리모금 등 다양한 방법으로 구분하여 현장에서 활용 가능한 세부적인 사례를 들어주었다. 모금을 이끌어내기 위한 소재를 찾는 일은 매우 중요하면서도 실제 모금활동에서 가장 찾기 어려운 부분이 아닌가 생각했다.

그렇지만 한 가지 분명한 것은 모금 명분을 세울 때 담겨 있는 내용이 아무리 보이지 않는 가치를 위한 것일지라도 우리는 그 안에서 '사람'을 찾아내야 한다는 점이다. 즉 모금의 명분은 항상 '사람'이어야 한다는 뜻이다. 아마도 보편적인 삶을 안고 사는 '사람'보다는 혼란, 갈등, 극복, 특별한 선택이라는 의미가 담겨 있는 드라마틱한 '사람'이 주인공이라면 더 좋을 것이다. 몇 가지 예를 들어 보자.

만일 장애인재활센터 건립을 위해 모금을 한다고 할 때, '장애인 재활치료서비스의 원활한 지원'을 모금하는 명분이라 설정하면 구체성과 서비스 대상에 대한 실체가 와 닿지 않아 보인다. 즉 잠재적 기부자들에게는 무엇을 어떻게 하자는 것인지 구체적인 상이 맺히지도 감도 잡히지 않을 것이다. 그렇지만 '누워서 책을 보는 지체장애 1급 홍길동 씨를 앉아서 책을 볼 수 있게' 내지는 '뇌성마비 아무개 아동이 자신의 손으로 직접 숟가락을 쥐고 밥을 먹어 엄마를 웃게 해 주세요.'와 같이 구체적이면서도 확실한 메시지, 사람, 재활치료 행위에 대한 명확성을 알린다면 사정이 달라질 수도 있다.

비장애인이라면 숨쉬기처럼 당연한 동작들이 장애인에게는 재활의 첫 단추가 된다는 사실을 구체적인 사람과 일상을 통해 보여주어야 한다. 장애인에게 재활치료가 얼마나 중요한 것이며, 하나의 동작을 하기 위한 재활훈련이 장애인들에게는 희망이라는 것을 기부대상자들에게 하나의 '드라마'처럼 보여주어야 한다.

모금의 수혜자를 직접 소재로 삼기 어려울 때는 주변인을 내세우는 것이 좋다. 예를 들어 조손가정에서 자라 경제적 궁핍 때문에 교복, 학용품, 참고서를 살 수 없는 여고생이 있다고 하자. 모금을 해서 궁극적으로는 여고생을 도와야 하는데 이때 여고생이 드러나게 되면 심리적 상처로 인해 오히려 역효과가 날 수도 있다. 이때는 여고생 주변을 살펴보고 담임선생님 혹은 짝꿍을 소재로 모금해야 한다. 여고생이 겪는 경제적 어려움, 그로 인한 정신적 버거움과 소외감을 해소해 주기 위한 작은 마음 씀씀이를 보여주는 주변인을 초점으로 하여 모금의 주제로 삼는다. "무엇이든 두 개씩 삽니다." 어려움에 빠진 친구와 나누고 싶은 마음에서 교복을 살 때도 학용품을 살 때도 책을 살 때도 두 개씩 사는 '짝꿍'이 있다. 부모님도 흔쾌히 두 개씩 사주셔서 공부를 더 열심히 할 수밖에 없다는 '짝꿍'! 이렇게 초점을 이동하면 수혜자의 부담도 덜 수 있고 기부자들에게는 훨씬 더 큰 기부행동을 유발할 수 있을 것이다.

모금전문가학교 B조의 모금실습은 '쪽방촌'을 지원하는 단체인 '동자동 사랑방'을 돕기 위한 것이다. 그런데 처음 모금을 할 때 '쪽방촌 사람들'이 아닌 '동자동 사랑방'을 위해서라는 이유가 기부자들에게 잘 먹히지 않았다. 첫 번째 모금실습 발표 후 박원순 교장의 조언이 있었고, B조는 모금의 주제를 '동자동 사랑방'이 아닌 그곳에서 근무하고 있는 실무자로 바꾸었다. 이에 따라 모금 기획을 처음부터 다시 하게 되었음은 물론이다.

모금의 주제와 기획이 바뀌자 매월 20만 원도 되지 않는 월급(어떤

B조가 제작한
'동자동 사랑방' 후원요청 팸플릿

달에는 없을 수도 있는) 을 받고 일하는 '동자동 사랑방' 실무자를 이곳에 있게 만든 사연은 도대체 무엇인지를 알리는 것이 모금활동의 중심이 되었다. 간혹 '쪽방촌 사람들' 과 싸우기도 하며 웃고 울면서 동고동락하는 실무자들의 인간적인 애환에 초점을 맞추자 기부자들이 반응하기 시작했다. 모금의 성과는 놀라웠다. 3개월 동안 1,800만 원이 모금되었고 정기후원자도 모아 '동자동 사랑방'의 경상운영비와 실무자 인건비를 소액이지만 안정적으로 지급할 수 있는 토대를 마련한 것이다.

이처럼 모금명분의 중심은 항상 '사람'이어야 하며, 모금 소재 또한 '사람'이어야 한다. 실타래처럼 꼬여 있는 갈등을 풀 수 있는 '사람' 이야기가 기부대상자를 움직이게 한다.

좌충우돌 모금실습 3

내 생애 첫 고액기부자

이번 주에는 아름다운재단 기부문화도서관 류무종 관장께서 고액기부자의 자격으로 특강을 해 주셨다. 첫 대면이었지만 관장님은 내게 매우 강한 인상을 남겼다. 세계에서 몇 손가락 안에 드는 치과 자재 회사를 운영하고 계셨고 수년 전부터 우리나라 기부문화의 확산과 기부인식의 전환을 위해 전 세계를 돌면서 여러 나라의 기부문화와 기술을 배워오신 분이다. 강의의 주제도 기부자 처지에서 무엇을 원하는지에 대한 설명이었다.

입학식에서 뵈었다는 것, 재력이 있으시다는 것 그리고 기부문화에 대한 애정이 남다르다는 이유만으로 나는 이미 우리 조 모금활동을 위한 이사회 구성원의 한 사람으로 류무종 관장의 이름을 선뜻 올려놓았다. 하지만 우리는 류무종 관장님을 어떻게든 만나 이사 수락과 함께 기부 약속을 받아내야 했고, 아무런 연고도 없는 그분께 이런 요청을 하기란 여간 어려운 일이 아니었다. 강의를 들으면서도 '어떻게 하면 저분께 다가갈 수 있을까.' 방법을 찾으려 애를 썼지만 도무지 틈이 보이지 않았다. 내심 여전히 부자는 높은 벽이라고 생각한 나는 직접 찾아뵙는 것에 무척 부담을 느끼게 되었다.

결국 나는 강의 후 진행된 전체 회식자리에서 아름다운재단 전현경 사무국장에게 도움을 요청했다. 내 설명을 다 듣고 나서 전 국장은 "류무종 관장님에게 요청하시면 아마 좋아하실 거예요. 관장님은 정현경 씨가 느낀 것처럼 기부문화에 대해 관심이 많으시거든요. 그리고 모금전문가학교에 대한 애정이 크세요. 용기를 갖고 요청하세요."라고 힘을 실어주었다.

"다음 주에 캐나다 가신데요. 매주 화요일과 목요일에 도서관에 정기적으로 나오시는데…. 그러고 보니 시간이 이번 주밖에 없네요… 내가 먼저 말씀드려놓고 약속 잡아드릴게요." 하며 혹시나 두려워 도망칠 기색이 역력한 나를 옴짝달싹 못하게 만들기도 했다. 이런 것을 자승자박이라고 하지 않던가.

멀게만 느껴지던 부자를 눈앞에서 만나 기부요청을 한다는 생각에 맘이 떨리고 분주했다. 나는 밤새워 노트북과 씨름하면서 모금실습에 대한 설명이 잘 전달되도록 프레젠테이션 자료를 만들고, 내가 상대가 되어서 질문도 하고 대답도 하면서 새벽이 지나고 아침 동이 훤하게 트는 것도 모른 채 몰입했다.

여름이 시작되는 날이었다. 나는 주차할 곳을 찾지 못해 같은 도로를 계속 뺑뺑 돌았다. 에어컨이 되지 않는 차 안에서 땀을 뻘뻘 흘리며 약속시간이 임박해지자 할 수 없이 거주자 우선주차구역에 차를 몰아세웠다. 기부문화도서관으로 올

라가는 좁고 가파른 계단은 신고간 8cm 하이힐 뒷굽을 자꾸 잡아 내렸다. 발목이 접히면서 욱신거리기 시작했다. 4kg에 육박하는 노트북은 밝은 황토색 블라우스의 어깨 라인을 계속 구겨놓았고 목과 어깨는 그 무게감에 오른쪽으로 쳐져만 갔다. 밤을 꼬박 새운데다 긴장감에 목은 바짝바짝 타올랐고 입에서는 단내가 솔솔 났다.

입학식과 강의 때 보았던 강한 인상과는 달리 류무종 관장님은 부드럽고 큰 웃음으로 나를 맞아 주셨다. 아름다운재단 전현경 국장에게 이야기를 들었다며 모금전문가학교에 대한 일상을 이것저것 물어보셨다. 잠깐의 시간이 흐르고서 류무종 관장님이 말을 꺼냈다.

"자, 그럼, 정현경 씨가 설명하려고 하는 것을 시작하세요."

나란히 앉아 시작된 모금실습 계획에 대해서 류무종 관장님은 매우 진지하게 경청하셨다. 설명 중간마다 당신의 의견과 독창적인 아이디어를 제시하기도 하셨다. 10분 정도 걸릴 것이라 예상했던 시간은 류무종 관장님과의 토론으로 이어져 50여 분이 넘어서야 끝이 나게 되었다. 학생들에게 기부약정서를 돌리도록 한 것과 그 기부약정서를 갖고 다른 모금대상자에게 요청할 수 있는 근거가 되게 한 것 등, 이 모든 것들이 바로 그분의 머리에서 나온 것이다. 선진국의 기부문화를 공부하고 경험하여 우리나라 기부문화의 확산을 희망하는 류무종 관장님의 아이디어와 모금기획 실력은 실로 대단했다. 10분이 50분으로 이어진 것도 대부분 관장님이 제시한 아이디어를 받아 적고 우리 모금활동에 적용하기 위해 소비된 시간이었다. 오히려 관장님에게 모금방법에 대한 강의를 들으려 마련한 자리인 것 같은 주객이 전도된 느낌이었다.

긴 시간이 지나고 관장님은 내가 제안한 계획서가 맘에 든다고 하셨다. 나는 기뻤다. 내 생각과 수고가 인정을 받은 것이다. 그것으로 족했다. 그때 류무종 관장님은 당신의 가방 속에서 봉투 하나를 꺼내셨다.

"정현경 씨가 오늘 온다는 이야기를 들었어요. 무엇 때문에 온 줄도 알고 있고요. 아침에 은행에 들러 이 돈을 찾았지요. 정현경 씨가 모금요청을 잘해서 나를 움직이게 하면 이 봉투를 건네 주려고 맘을 먹었는데, 오늘 모금요청과 태도는 정말 훌륭했어요."

처음에는 어리둥절했다. 여러 가지 독백이 내 뇌를 흔들어 놨다. '이게 무슨 일이지?' '이런 일이 나에게도!' '진짜 받아도 되는 거야?' '뭐라고 말해야 하지?' '표정을 어떻게 해야 하나?' 말보다 앞선 것은 내 심장이었다. 희열이 온몸을 휘감았다. 감격의 웃음은 내가 조절할 수 있는 내 것이 아니었다. 온몸의 근육들이 파르르 떨리기 시작했다. 봉투 안에 든 돈이 얼마인지는 중요하지 않았다. 인정받았다는 것 그 자체가 나에게는 승리였다.

봉투를 받아들고 감격해 하는 나에게 관장님은 "얼마인지 꺼내봐요."라고 말하며 날 다시 긴장시켰다. "아! 예…"

정신을 차리고 봉투의 무게감을 보니 매우 얇고 가벼웠다. 언뜻 보니 속에 든 지폐의 색깔이 하얀색이었다. 순간 나는 10만 원을 생각했다. 후원업무를 하면서 일정액의 돈도 많이 받아보았지만 대부분 통장을 통해 입금되어 직접적으로 현금을 받는 경우는 없어서 수표 하면 10만 원권밖에 생각할 수 없었던 것이다. '10만

류무종 선생님은 한국의 모금문화와 모금에 대한 시민의식을 향상시키고자 아름다운재단에 기부문화도서관을 설치 운영하는 데 물심양면으로 많은 도움을 주고 계시다.

류무종기부문화도서관
"누군가에게 고기 잡는 방법을 가르쳐주면 평생을 배불리 보내게 할 수 있다고 합니다. 이런 까닭에 전문도서관을 통해 선진 모금기법을 도입하는데 도움을 주어야겠다고 생각했습니다."

원이면 어떻고 만 원이면 어떠냐, 직접 내 손으로 받은 것이 중요하지.' OO 은행이라는 인쇄가 찍힌 봉투를 열고 살포시 안에 든 흰색의 종이를 꺼냈다. 선명하게 인쇄된 수표금액은 5,000,000원이었다. 잠시 말을 잃은 나에게 '내 생애 첫 고액기부자 류무종 관장님'은 이렇게 말씀하셨다.

"우리의 시작은 매우 작습니다. 우리의 준비는 여러 가지로 부족합니다. 그러나 우리가 가진 열정은 뜨겁습니다. 모금에 대한 기술을 많이 배우는 것도 중요하지만 진실한 가치를 추구하고 전문화된 기술을 스스로 터득해서 이 사회를 위해 사용하는 것이 훨씬 더 값지다고 생각합니다. 여러분들이 가진 희망과 열정으로 세상의 아름다운 미래를 위해서, 그리고 여러분들의 후배들을 위해서 힘써 주시기 바랍니다."

적장의 말을 쏴라?

사실 기부자의 주변인인 아름다운재단 전현경 국장의 도움이 없었다면 나는 생애 첫 고액기부자와의 만남도, 만남의 성공도 이루어내지 못했을 것이다. 만약 중간에 실제적인 정보와 용기를 주는 다리가 없었다면 나는 주저주저하고만 있었을 것이다. 아름다운재단 기부문화연구소에서 발표한 〈부유층 기부문화 활성화를 위한 연구〉 결과를 보면 기부 동기 혹은 그 반대로 기부 장애가 되는 중요 요인은 '주변인'이라 한다. 주변인들이 정보를 제공했기에 기부한 사례도 있고, 기부를 하고 싶어도 주변인의 반대로 할 수 없다는 사례도 있었다.

이와 같은 사정은 기업을 대상으로 하는 모금에서도 마찬가지다. 기업의 대표나 임원단을 만나기는 어려워도 사회공헌을 담당하는 실무자는 만날 수 있다. 담당자와의 관계가 꾸준히 지속되고 기업 사회공헌의

"가부자 **주변사람**을 파악하고
그들의 **신뢰**를 얻어라."

방향과 조직의 모금 목적이 일치한다면 기업 담당자의 도움으로 기업 대표에게 우리 조직을 보여 줄 기회를 얻을 수 있다. 예전에는 위로부터의 지시가 곧 법이자 절대적인 명령인 때도 있었다. 윗사람만 결정하면 모든 것이 만사형통이었던 시절 말이다. 물론 이런 현상이 완전히 없어졌다고 보기는 어렵지만 지금은 담당자의 펜 끝에서 사업의 성공과 실패가 결정되는 경우도 많아졌다. 그만큼 기업의 사회공헌 담당자는 굉장히 중요한 기업 대표의 '주변인'이다.

    나를 신뢰하는 사회공헌 담당자는 내가 제시한 제안에서 어떤 부분을 고쳐야 하는지, 어떤 부분이 최종 결정권자의 마음을 움직일 수 있는지도 알려준다. 반면 윗선에서 아무리 지시를 하더라도 기업 실무자가 모금조직을 신뢰하지 못하고 관계에 대한 확신이 서지 않는다면 '안 되는 이유'를 100가지라도 만들어서 사장에게 제출할지 모를 일이다. 모금대상의 '주변인'에게서 신뢰를 얻는 것은 모금성공의 지름길이다.

같은 깃털을 찾아라

고액기부자는 어디에 있고 또 그들의 '주변인'은 누구일까. 앞에서 언급했던 〈부유층 기부문화 활성화를 위한 연구〉에서 약간의 힌트를 얻어볼 수 있었다. 이 연구는 부유층의 기부인식과 행동에 대한 요인을 확인하고 기부행동을 유발시키는 모형을 구축하려는 것이었는데, 은행 자산관리사를 통해 자산이 50억 이상 되는 30명을 인터뷰해 분석한 보고서다. 나는 고액기부자가 될 수 있는 부자들의 생생한 목소리를 통해 아이디어를 얻어보고자 열심히 보고서를 들여다보았다.

조사에서 나타난 부자들의 특징은 우선 자산의 형성과정을 알리고 싶어하지 않으며, 자산이 많을수록 복잡한 가정사를 가지고 있다는 것이다. 기부와 관련해서는 자신의 기부가 가족들에게 알려지기를 꺼려 만일 기부를 한다 해도 익명기부를 하고싶다는 생각을 하고 있거나, '기부' 자체에 관심이 없기도 하고, 자신의 기부가 '정말 도움이 될까?'라는 의문을 가진 부자도 많았다. 그러나 '부자'들에게서는 '공통된 요인'을 발견하기가 어렵고 부자가 기부하게 된 요인도 제각기 달랐으며 부유층의 생활양식도 다양해서 접근방법과 기부 촉진에 대한 방법을 찾기가 어렵다는 결론이 도출되었다.

어떤 부자는 등산화에 허름한 점퍼를 입고 지하철만 타고 다니는가 하면 어떤 이는 외제차를 몇 대씩 보유하고 은행에 올 때마다 차를 바꿔 타고 오는 사람도 있다고 한다. 부자들이 뜻밖에 많기는 하지만 그들의 생활형태와 동선을 파악하기란 보통 어려운 것이 아니라고 한다.

그렇다면 어떻게 해야 할까. 이 연구는 부자들이 더 많은 자산을 얻으려고 치열하게 연구하고 노력한다는 점에 주목하고, 그렇기 때문에 이들의 재산을 증식시키는 자산관리사나, 변호사, 회계사들이 항상 부자의 주변에 존재한다는 사실에 방점을 찍었다. 우리가 직접 부자들을 대면할 수 없으므로 이 부자들과 상관있는 전문가 집단에 기부에 대한 인식을 심어주고 부자들에게 기부를 유도할 수 있도록 교육을 해야 한다는 결론은 그럴듯해 보였다.

부자는 재산의 증식을 위해 자산관리사에게 재산에 대한 자문과 관리를 일임하고 재산의 상속과 법률적인 자문을 위해 변호사를 선임한다. 고액기부자 예비군과 '같은 색깔의 깃털'은 바로 부자들 주위에 포진한 '자산관리사나 변호사'인 것이다. 부자들의 경제활동과 관련된 또 다른

"기부하는 부자를 사랑하고 존경하라"

전문가 집단도 '같은 색의 깃털'이 될 수 있다.

나와 내 조직이 대단한 부자를 직접 만나기는 어려워도 그와 '같은 색의 깃털을 가진 사람'을 접할 수는 있다! '고액기부자를 만날 수 없다면 그들의 친구와 신뢰를 쌓아라.' 그래서 얻은 쓸만한 결론이다.

하지만 부자들을 직접 만나기 어렵다는 것은 여전히 아쉽다.

부자들이여! 우리에게 모습을 드러내 주세요. 이제 세상은 부자를 향해 질투의 눈길만을 주지는 않는답니다. 특히 비영리조직은 여러분을 열렬히 사랑하고 존경합니다. 왜냐하면, 당신의 재력은 사람이 가치를 느끼면서 살아갈 수 있는 행복한 사회를 만들어 갈 수 있는 열쇠이기 때문입니다. 우리는 그 사실을 알고 있습니다.

든든한 파트너, 기업

04

2009년 5월 30일, 강사: 김영환(SK텔레콤 사회공헌팀 팀장), 홍상식(교보다솜이 사회봉사단 과장)

" 면접심사 당일 철저하게 준비하였다고 자신했던 나는
정작 면접실에서는 심사위원들의 돌발 질문에
적절하게 답을 못하여 얼굴이 붉어진 채 문을 나서게 되었다.
당일 저녁에 서가을 대리에게서 전화가 왔다.
"고생 많으셨어요,
아까는 많이 당황하셨죠?"
"아니요. 우리가 미처 사업에 대한 세밀한 부분까지
준비하지 못한 잘못인걸요."
"너무 실망하지 마시고요.
아까 심사위원께서 말씀하신 부분이 어떤 것이냐 하면…" "

기업의 사회공헌활동

기업의 사회공헌활동을 강의하기 위해 모금전문가학교를 찾은 SK텔레콤 사회공헌팀과 교보생명 사회공헌팀은 자신들의 사회공헌활동에 대해 많은 것을 이야기해 주었다. 대기업에서 어떤 철학과 방법으로 사회공헌이라는 미션을 수행하는지 이해할 수 있었던 좋은 기회였다.

그렇지만 다소 아쉬운 점도 있었다. 우리는 어떻게 하면 기업을 대상으로 모금과 후원을 받을 수 있는지, 기업과 친밀한 관계를 이어가기 위해서 어떤 점이 필요한지, 기업의 사회공헌 담당자들은 무엇을 원하는지에 대해 알고 싶었다. 그러나 그분들의 열정적인 설명과 꾸준히 좋은 제안을 하시라는 결론은 우리를 더욱 갈증 나게 했다.

과연 기업이 원하는 반짝이는 아이디어와 기획을 위해 많은 시간을 투자할 수 있는 비영리조직이 몇이나 될까. 조그마한 비영리조직이 기업과 손을 잡고 일할 때 생기는 여러 가지 문제들, 이를테면 문화의 차이, 사회공헌을 바라보는 시각과 지향하는 가치의 차이로 발생하는 마찰은 어떻게 관리하고 대처해야 할까?

사실 이러한 의문과 질문은 그분들이 가르쳐줄 수 있는 부분이 아니었으리라. 기업도 이러한 부분을 잘 알고 있으며 그래서 그런지 현실에서 기업과 비영리단체가 손잡고 함께 일하는 프로젝트를 찾아보기란 쉬운 일이 아니다. 2007년도 전국경제인연합회에서 제공한 자료를 보면 기업의 사회공헌 비용의 총 지출액은 1조 9,556억 4,200만 원으로 조사되었다. 그중 사회복지분야는 총 2,031억 1,000만 원으로 전체 지출액의 25.3%에 달한다. 엄청난 지출규모에 놀라고 사회복지 현장에서 활동하고 있는 실무자로서 그 '엄청난' 지원을 전혀 체감할 수 없어 또 한 번 놀랐다.

기업은 경영방침에 사회공헌활동을 명문화하고, 활동예산 집행계획을 수립하며, 수혜자를 직접 물색하고 현금지원과 자원봉사활동에도 적극적이다. 따라서 이러한 직접지원 업무를 담당하기 위해 대부분의 기업은 사회공헌 전담부서와 담당자를 구성하는 추세다.

자료에서도 나와 있듯이 기업은 사회공헌 대상자를 직접 발굴, 조사하며 자체 봉사단을 꾸려 직접활동을 하고 검증작업을 한다. 실무자도 사회복지사나 기업 사회공헌과 관련된 인력을 채용하여 단순지원에서 벗어나 좀더 효과성 높은 대상자 중심의 지원활동을 하고 있다. 이는 비영리조직과의 공조 형태의 활동이나 비영리조직에 대한 기반강화를 위한 지원이 줄어든다는 단점을 안고 있다.

    수업이 끝난 후 학생들과 밥을 먹으면서 기업의 사회공헌활동에 대해 우리 나름대로 토론을 했다. 우리에게 필요한 것은 비영리조직의 역량강화에 대한 지원인데 기업은 그보다 대상자에 대한 직접 지원, 그리고 임직원들과 함께하는 자원봉사활동에 비중을 두고 있으며, 그로 인해 얻어지는 기업 홍보에 더 많은 관심이 있을 뿐이라는 데 모두 동의했다. 하지만 다소 냉소적이고 자조적인 체념으로 마무리하기엔 기업 사회공헌활동의 규모와 그들의 능력이 아깝다는 생각이 머리를 떠나지 않았다.

    냉정한 현실 인식과 비판적 자세를 항시 유지하면서도 열심히 좋은 제안을 꾸준히 하라는 기업 사회공헌 담당자의 말은 새겨들을 필요가 있다. 기업의 문화를 연구하고 기업의 필요가 무엇인지 분석한 후 우리 단체가 할 수 있는 것과 할 수 없는 것, 그들과 함께해서 서로 도움을 받을 수 있는 접점은 어디인지 끊임없이 생각하는 것만이 기업을 나의 든든한 후원자로 만드는 왕도임을 잊지 말자는 것이다. 결국 투자한 시간에 비례해 성과를 얻는 것이 세상 이치이고, 그런 세상이 되어야 하는 것 아닌가.

친절한 '기업' 씨

비영리단체에서는 안정적인 모금활동을 위해 기업에서 지원하는 굵직한 자원을 받고 싶어 한다. 그러나 모금의 대상 중 '기업'이 가장 접근하기 어렵다고 다들 속내를 털어놓는다. 두렵다고 표현하기도 하고 기가 죽는다고 말하기도 한다. 기업 대표나 높은 직급의 사람을 꼭 알아야만 모금이나 후원에 성공하는 것인 줄로만 안다. 나도 오히려 아무것도 몰랐던 십 년 전에는 기업에 불쑥불쑥 찾아갔었다. 하지만 이 분야에서 일하면 할수록 기업에 찾아가는 수가 줄어만 간다. 왜냐하면 기업에서 원하는 사회공헌활동에 우리가 맞춰줄 수 없고 대안이 될 만한 제인을 순발력 있게 보여주기 어렵다는 경험이 차츰 쌓여가기 때문이다.

어느 대기업 사회공헌팀은 어느 단체에서 문의해 왔고 어떻게 상담을 해 주었는지까지 기록으로 남기기 때문에 성의있게 답변을 해야 한다고 한다. 소비자에게 항상 만족을 주어야 한다는 원칙이 비영리단체에도 그대로 적용되기 때문이다. 기업은 비영리단체도 소비자로 대한다!

기업에서 무언가 지원받고 싶다면 자신의 모금목적과 유사한 사회공헌활동을 하는 기업을 우선 정하는 것이 순서다. 기업에 대한 정보를 찾을 수 있는 만큼 찾고(어느 비영리단체의 모금팀장은 해당 기업의 주식을 단 몇 주라도 사고 기업을 공부한다고 한다), 특히 사회공헌활동에 대해 면밀하게 살펴본 후 그 활동들이 어떻게 홍보되었는지 연구하는 것은 그다음 순서다. 모든 것이 완벽하다고 느낀다면 전화하고 찾아가보자. 상담하기 위해 찾아간다고 하면 대부분의 기업 실무자들은 거절하지 않는다. 우리가 소비자이기도 하지만 기업 실무자들도 기업의 성공적인 사회공헌활동을 위해 자료를 모으고 좋은 아이디어에 갈급해하기 때문이다. 특별한 제안을 준비하지 못했더라도 단체 소개를 하고 귀사에서 현재 준비하고 있는 차년도 계획을 물어보고 함께 할 수 있는 요인이 있는지도 다시금 물어보자.

기업 사회공헌 담당자는 자사의 사회공헌활동과 문서로는 드러나지 않는 내부의 가치를 분명히 알려줄 것이고 사회공헌활동을 통해 얻고 싶은 것을 말할 것이다. 자신의 조직과 목적사업이 일치하지 않는다면 일찌감치 포기를 해야 하고, 조금이라도 유사한 점이 있다면 기발하고 참신한 소재를 바탕으로 몇 가지 제안서를 만들어서 다시 방문해야 한다.

모든 기업들이 그런 것은 아니지만 사회복지나 비영리조직에 대한 이해가 있는 기업 담당자의 경우 비영리조직 모금 실무자보다 더 전문가다운 조언을 해 주기도 한다.

나는 몇 해 전 기업사회공헌세미나에서 우공이산 재단 서가을 대리와의 첫 만남을 가진 적이 있다. 당시 나는 재단에 대한 정보가 전혀 없는 상태였고 사전에 인터넷에 소개된 재단 홈페이지를 방문하기는 했지만 그것만으로는 전체 모습을 잘 알 수 없었다. 이러한 사정을 솔직하게 이야기하고 자세한 재단의 사업과 지원과정, 시기를 물어보면서 재단에서 원하는 사업의 방향성이 무엇인지 알고 싶다고 질문하였다.

서가을 대리는 내가 홈페이지에서 파악하지 못하였던 것들을 자세하게 알려주었다. 그뿐 아니라 우리 조직에 대해 한참을 물어보더니 오히려 '이런 방향'으로 사업제안을 하면 어떻겠냐고 조언도 해 주었다. 우리가 미처 파악하지 못했던 우리의 강점을 지적하면서 컨설팅을 해 준 것이다. 나는 서가을 대리가 알려준 대로 우리의 장점을 살려 재단에 정규사업 신청을 했다. 정규사업 신청 전까지도 중간 중간 제안서에 대한 조언을 구했고 서가을 대리는 기업에서 좋아할 만한 요인을 알려주었다. 서류심사에 합격이 되고 면접을 기다리면서도 심사기준과 사업평가에 대한 상담전화를 하면 한 번도 귀찮은 말투 없이 자세히 알려주었다.

면접심사 당일 철저하게 준비하였다고 자신했던 나는 정작 면접실에서는 심사위원들의 돌발 질문에 적절하게 답을 못하여 얼굴이 붉어진 채 문을 나서게 되었다. 당일 저녁에 서가을 대리에게서 전화가 왔다.

"고생 많으셨어요, 아까는 많이 당황하셨죠?"

"아니요. 우리가 미처 사업에 대한 세밀한 부분까지 준비하지 못한 잘못인걸요."

"너무 실망하지 마시고요. 아까 심사위원께서 말씀하신 부분이 어떤 것이냐 하면…"

서가을 대리는 면접심사는 참가단체를 떨어뜨리고 평가하기 위한 자리가 아니며 사업의 질을 높이기 위한 목적이라면서 부족했던 여러 부분에 대한 보완을 우리 단체 입장에서 교정해 주었다. 재단에서 요청하는 보완사항이 추가되고 제안한 사업을 수행할 능력이 된다면 다시 방문하여 달라고 하였다. 정말 고마웠다. 심사에 떨어지면 왜 떨어졌는지 이유를 알 방도가 없는 정부기관의 기금사업과는 너무나 딴판이었다. 게다가 다시 기회를 준다 하니 말이다.

우리 조직의 형편상 사업을 보완하여 제안하지는 못하였지만 그 뒤로도 서가을 대리는 자신이 속한 재단에서 추진하는 단발성 사업이 우리 조직과 맞는다고 생각하면 먼저 제안을 해 오기도 하고 정보를 주기도 하였다.

기업 사회공헌팀과 접촉할 때 나는 맨 마지막에 꼭 하는 말이 있다.

"장애인복지분야 쪽으로 필요한 통계나 자료가 있으면 언제든지 말씀하세요. 다른 조직보다는 자료 보유량이 많아 금방 도와 드릴 수 있습니다."

한겨레경제연구소 'HERI Review' 기업의 사회책임경영 관련 기사

그리고 내가 사회복지사 석사 출신이라는 것을 꼭 밝혀둔다.

이 몇 마디의 말은 기업담당자의 뇌리에 남게 되어 장애인 분야나 다른 사회복지 분야에 대한 정보를 얻고 싶을 때 우리 쪽을 먼저 생각하는 효과를 갖게 한다. 나에게 없는 자료나 정보에 대해서 질문을 받았을 때는 빠르게 답과 자료를 찾아 보내주고 돈독한 관계를 이어간다.

서울의 한 병원 사회공헌팀 담당자와의 관계도 이렇게 시작되어 매년

"소비자로서 권리를 가지고
기업의 문을 당당하게 두드려라."

정기적인 제안을 할 수 있게 되었으며, 한 중견기업의 경우 자체 사보에 기재될 기사자료를 빠르게 답변해 주어 그 보답으로 계획되지 않았던 소액의 기금을 지속적으로 지원받을 수 있었다.

이처럼 자신이 받았던 도움을 놓치지 않고 보답하는 기업 담당자들은 뜻밖에 우리 주변에 많다.

기업 담당자들은 의리도 있다.

한 회사에서 사회공헌 실무를 맡고 있던 오누리 대리는 2년 정도 우리 협회와 사업을 진행하고 있었다. 그이가 같은 업종의 다른 회사로 자리를 옮기게 되었는데 기존의 회사에서 우리 협회가 지속적으로 지원받을 수 있도록 차년도 사회공헌활동을 함께할 수 있게 환경을 조성하여 주었고 후임자에게도 협회를 신뢰할 수 있도록 정보를 주었다. 거기에 이직한 회사에서의 사회공헌활동 영역에 장애인 분야를 신규로 삽입해 우리의 활동영역을 넓혀 주었다.

이러한 성과를 내려면 기업의 사회공헌 담당자들과 끊임없이 관계의 끈을 놓지 않아야 한다. 우리의 제안이 한 번 거절되었다고 무안해 하지 말고 목적사업에 대해 매번 정보를 주고 기업 담당자의 필요를 살펴 도움을 주다 보면, 나의 경험상으로는 1년 안에 그 기업에서 작은 부분이라도 지원을 받을 수 있을 것이다. 기업 담당자는 꾸준히 노력하는 상대에게서 성실함과 진실성을 느끼게 될 것이고 이것이 마음에 빚이 되어 되갚고 싶은 마음이 생기는 것이다.

오로지 기업 관점에서만 사회공헌활동을 이야기하는 기업실무자도 있지만 대부분 앞에 열거한 것처럼 친절함과 진정성을 갖추고 있다. 기업이라면 주눅 들어 하고 자신 없어 하면서 왠지 모를 두려움을 가진 우리 먼저 바뀌어야 한다. 받고 싶고 알고 싶은 것을 정리한 후, 당당하게 요청해 보자.

좌충우돌 모금실습 4

기부가 행동으로 이어지는 그 아찔함

첫날 이루어졌던 1차 평가가 있고 나서 그간의 모금실습에 대해 두 번째로 평가를 받는 시간이 돌아왔다. 모금진행 결과와 모금계획이 일부 수정되었거나 조정되어야 할 부분이 강사진들에 의해 평가되었다.

    1차 평가 이후 우리는 모금명분과 계획이 모두에게 확실하게 인지되었다고 생각했고 이제 주머니에서 돈을 끄집어 내는 작업에 착수했다. 조원들의 종자돈 기부가 있은 후 모금전문가학교에 다니는 학생이 모두 기부할 수 있도록 자극을 주어야 했다. 개별적인 접근도 가능했지만 우리는 전체가 모이는 시간을 이용해서 모두에게 모금의 필요성을 전해야 한다는 생각을 했고 두 번째 모금실습 평가가 있는 오늘을 디데이로 잡았다. 모금실습 중간발표에 대한 학생들의 반응도 좋았다. 게다가 이번 발표에서 우리는 모금활동을 위해 구성한 이사진들을 공개하였다.

"정말 훌륭한 프로젝트군요. 제가 적극적으로 나서서 모금활동을 돕겠습니다." (모금전문가학교 박원순 교장)

"우리 학교와 학생들을 위한 것이라는데 저도 100만 원 기부하겠습니다." (나도선 학생회장)

"여러분이 가지는 희망과 열정에 저도 동참하겠습니다. 500만 원 기부합니다." (류무종 기부문화도서관장)

'한 명 더 클럽'(모금이사회)의 모금활동에 대한 적극적인 지지와 기부가 실제 이뤄지자 학생들을 포함한 기부대상자들은 모금 명분에 대해 확신하기 시작했다. 사회적으로 중요한 위치에 있는 존경받는 사람들이 기부했다는 사실은 또 다른 기부대상자들에게 신뢰성을 심어주었다.

우리는 또한 모금을 운영하는 조원들이 자발적으로 '먼저 기부'를 했다는 것에 초점을 맞추어 '먼저 기부'가 그냥 돈이 남아서 한 것이 아니라 자신의 것을 쪼개서(비행기 대신 버스를, 학비를 나누어서) 한 것이라는 점을 부각시켰다.

우리는 모금실습 발표가 끝나자마자 모금을 약속하는 '기부약정서'를 학생 전체에게 돌려 모두 서로 보는 앞에서 기부를 약속한다는 사인을 하게 하고 약정금액을 적게 하였다. 우리는 '모금 명분이 의미 있군'이라는 생각이 없어지기 전에 행동으로 옮겨지도록 바로 '약정서'에 사인하게 하는 등 세심한 주의를 기울였다. 보는 사람에 따라서는 다소 야박할 수도 있었겠지만 많은 학생, 모금을 심사하러 온 강사진, 몇몇 이사진 앞에서 약속하게 했으니 웬만한 사람 아니고는 기부를 안

할 수가 없었을 것이다.

'기부약정서'는 앞사람에서 뒷사람으로 이어져 갔고 '이거 나만 기부 안 할 수는 없겠는 걸' 하는 압력 아닌 압력이 작용했을 것이다. 물론 이렇게 하더라도 기부에 대한 확실한 필요와 믿음이 없었다면 많은 사람의 참여를 이끌어 낼 수 없다는 것이 나 자신이 갖고 있는 확고한 신념이기도 하다.

강사진의 강의 기부나 현금 기부 유도도 사실 사람이 사람을 움직인 결과였다. 우리는 강의가 끝날 때마다 모금 내용에 대해 설명을 하고 학생들이 참여한 기부약정서를 보이며 '학생이 원합니다.'라고 참여에 대한 '보여주기' 식 호소를 지속하였다. 강사들에게 이사진들이 기부한 내용과 앞서 강의한 강사들이 서명한 종이를 보이면 '어 이 사람도 냈네, 그럼 나도 빠질 수 없지.' '학생들이 모두 다 원하는 것인데 선생인 내가 안 할 수 없지.'라는 생각을 하게 함으로써 모든 사람들이 참여하게 하는 전략이었던 것이다.

이 부분에서도 역시 보는 사람에 따라서는 자발성에 기초한 모금이라기보다는 동료집단 혹은 주변인의 압력, 눈치, 체면 등과 같은 다소 비자발적인 방법으로 모금하는 것은 아닐까 하는 우려가 있을 수 있다고 본다. 그렇지만 이 방법은 대성공이었다.

우선 모금 명분을 적절하게 설명해 동감을 끌어냈고, 먼저 기부한 자들의 기부행위 등이 모금 활동의 신뢰 폭을 한층 확대해 놓았던 터라 타인의 기부약정서를 공개한 전략은 성공할 수 있었다. 그 결과 김재춘, 전현경, 서현선, 임철진, 김현성, 윤정숙 이사 등 거의 모든 강사들이 우리 모금 활동에 함께했다.

모금전문가 '한 명 더' 프로젝트 중간평가

아름다운 가게 김재춘 정책국장

1. 눈길이 가는 부분들
    - 모금의 원칙을 먼저 정한 점
    - 프로그램 기획이 잘 된 점: 모금 기획과 프로그램 기획은 불가분의 관계이며, 서로를 끌어올려 주는 시너지 효과를 낼 수 있어야 한다는 점을 보여주는 사례. 단, 역시나 프로그램 기획과 모금 기획을 혼동하지는 마시기를
    - 일정을 짜서 단계별 모금 전략 포트폴리오를 구성한 점
    - 준비된, 애정을 가진 기부자를 찾아낸 점

2. 조금 아쉬운 부분들
    - 기부자 확대를 위해서는 문제가 많은 프로그램. 그 프로그램의 한계를 어떻게 극복할 것인가에 대한 명확한 해답이 없음. 모금 방식 중 과연 어떤 방식이 이 문제를 해결해 줄 것인가(예, 모금학교 계, 대리모금 아이디어 등)
    - 기부자 대상에 대한 고민이 조금 더 필요한 듯(소위 사회를 근본적으로 바꾸고자 하는 욕구가 있는 기부자는 누구일까. 마치 이 프로그램 기부자는 장학기금을 내는 사람과 유사할 듯)
    - 기부자 보상에 대한 연구를 조금 더 해 보실 것
    - 기부자 명을 전체 수강생 일동으로 하겠다고 한 점(기획자들에게는 좋겠지만 기부자들에게는 매우 좋지 않은 방식– "저는 누구에게서 기부금 영수증을 받나요?")

05

인맥지도를 만들자

2009년 6월 13일, 강사: 김성윤(서울대학교 발전기금 모금총괄실 실장)

> 한번 소개해 주고 나면 알아서 기업담당자와
> 좋은 관계를 유지하고 그 이후의 사업제안부터는
> 나를 통하지 않고 직접 상담하는 사람이 있는가 하면,
> 또 어떤 이는 계속해서 나에게
> '전화해 달라.' '제안서 잘 검토해 달라고 말해 달라.'
> '어제 보낸 제안서 어떤지 물어봐 달라.' 하면서
> 정작 그 사업을 맡은 기업담당자에게는 전화 한 통 하지 않은 채
> 내가 무슨 큰 권한이나 있는 양 나에게만 연락을 해 왔다.
> 소개해 주는 것도 한두 번이지 지속되는 요청에
> 무슨 중간 브로커도 아니고, 이런 일이 세 번 정도 있고 나면
> 도와주고 싶은 맘이 사라지고 살짝 짜증이 나기 시작한다.

대학교 모금이 쉽다고요?

서울대학교에서 모금업무를 총괄하는 김성윤 실장의 강의는 '영구기금' 이야기로 시작되었다.

비영리조직은 지속적인 활동을 위해 '영구기금'을 마련하기도 한다. 영구기금이란 어떤 기관이 영구적으로 적립하는 저축성 예금을 뜻한다. 원금 일부를 펀드나 예금으로 투자하고 일정비율을 기관의 연간 예산으로 사용한다. 이는 조직의 재정에 안정성을 제공하고 연간 모금 부담을 덜어주기도 한다. 일반 비영리단체에 조금은 생소한 '영구기금'은 대학에서 이미 오래전부터 활용하고 있는 기금운영 방식이다.

물론 몇 가지 단점도 있다. 영구기금이 주는 안정감으로 기부자들이 단체에 무심해질 수도 있고 기금운영이 잘못되어 기금 전체에 손실을 주기도 하며 영구기금 운영이라는 또 다른 일거리와 운영에 대한 조직 내

이건 때문에 문제가 될 수도 있다.

대학도 비영리조직이므로 모금의 전략과 프로세스에서 참고할 점이 많다. 그들은 요청을 기다리는 잠재거액기부자를 찾기 위해 세밀한 조사와 계획을 세우고, 사람 중심으로 관계를 맺으며, 격에 맞는 상담자를 통해 기부를 요청하고, 기부자가 흡족해하는 사업을 기획하여 특정한 목적에 맞게 제안을 함으로써 기부를 이끌어낸다. 그런 연후에 기부자에게 적절한 예우를 하고 지속적인 관심과 참여를 유도하는 것이다.

여기서 일반 비영리조직과 다른 것은 기부대상자 리스트가 있다는 것이다. 그리고 고액 기부자에 대한 예우프로그램을 대학교와 연관시켜 고급스럽게 진행할 수 있다는 것이다. 서울대의 경우, 기부 여부가 확정되면 기부자는 총장과 출연 약정식을 하게 되며, 명예발전위원으로 위촉되어 기부금 사용을 감독하게 되고, 서울대병원에서 진료예약과 종합건강검진을 비롯해 의전서비스까지 받게 된다.

개인적으로 대학교나 병원이 모금한다는 것이 그리 달갑지만은 않다. 대학교, 병원은 주식회사와 같은 영리기업은 아니지만 상당 규모의 수익사업을 하는 준(準) 영리조직이라는 이미지 때문이다. 또한 비영리조직처럼 기부대상을 찾아 헤매는 것이 아니라, 대학교나 병원은 동문, 학부모, 의사처럼 모금할 대상자들이 무궁무진하게 포진되어 있다. 게다가 소위 유명 대학교는 사회적으로 힘있는 동문이 많이 있기 때문에 모금에 대한 접근성과 획득이 더 쉬울 것이다. 또한 특별한 경우이기는 하지만 김밥집

할머니처럼 의외의 인물이 기부하는 때도 왕왕 있다. 우리와는 출발선이 다르다는 생각이 강의 내내 머릿속을 떠나지 않았다.

"병원이나 대학교의 모금이 기부대상자가 많이 있기 때문에 쉬울 것이라 오해하시는 분이 계실 수도 있겠지요." 내 생각을 읽었는지 김성윤 실장은 세간의 인식이 다 옳은 것은 아니라며 기부대상자가 있건 없건 간에 남의 주머니에서 돈이 나오게 하는 것은 매우 어렵고 힘든 작업이라고 강변한다. 더군다나 대학교나 병원은 소개를 통해 대상자를 만나는 경우가 많은데 혹여 말 한마디 잘못 했다가는 소개해 준 사람에게까지 영향을 끼치므로 더욱 조심스럽다는 것이다.

다 사람이 하는 일

사실 말이 나왔으니 말이지 누구의 소개를 받아 무엇인가를 도모한다는 것이 그리 녹록한 일은 아닌 것 같다. 그렇지만 때론 기부대상자나 기업을 무작정 찾아가는 무모한 방법을 사용하기보단 모든 세상사가 그러하듯이 행여나 아는 사람이 있는지, 즉 인맥을 확인해 보는 절차를 거치는 것이 인지상정이다. 길목만 잘 찾으면 아무리 어려운 일이더라도 '사람'이 열쇠가 되어 풀려나가기 때문이다.

물론 이런 방법이 항상 긍정적인 면모만을 가진 것은 아니다. 하지만 충분한 토의를 거쳐 심사숙고 끝에 결정된 사회적 대의를 위해 펼치는 모금활동이라면, 인맥을 이용하는 것은 어찌 보면 당연한 일이고 사회 전체적으로도 부정적인 부분보다 긍정적인 부분이 더 많다고 생각한다. 모금활동가라면 '인맥', 즉 재산가를 많이 알고 있거나 기업을 하는 사람

혹은 사회공헌실무자, 연예인에 이르기까지 두루두루 많은 사람을 알고 있기를 소원한다.

일곱 번만 거치면 전 세계 사람들을 다 안다고 하지 않던가. 실제 일을 하다 보면 세 번 정도의 사람만 거치면 어지간히 연줄이 닿아 내가 원하는 기부대상자(혹은 기부를 움직일 수 있는 사람)를 소개받을 수 있다. 이렇게 소개를 받게 되면, 소개를 해 준 사람의 면을 봐서라도 대상자에게 내가 원하는 것을 좀 더 전문적이고 세련되게 말해야 한다는 부담감이 크다. 또한 '요청'이 '거절'로 이어지면 소개를 해 준 사람에게 또 다른 사람을 부탁할 수도 없고, 이래저래 쉽지만은 않은 상황이 된다. 어쨌든 소개를 한번 받았으면 그다음의 관계는 철저하게 자신의 힘으로 풀어나가야 한다.

한번은 이런 일이 있었다. 한 주식회사 사회공헌담당자를 알게 되어서 꽤 좋은 사이가 되었다. 기업에서 추진하는 사회공헌활동의 기회가 있으면 우리에게 자문을 구하기도 하고 맘을 터놓고 '된다, 안 된다'를 논하는 사이로까지 발전하였다.

그 회사는 매월 사회복지시설을 선정하여 소규모 프로그램 지원사업을 시작하였는데 우리 조직을 비롯하여 우리 조직에 속한 회원시설들도 정기적으로 사업제안을 하게 되었다. 그 회사와 우리 조직 간의 긴밀한 관계는 협회 회원시설들이 잘 아는 터라, 더러는 사업제안을 신청하기 전 나에게 그곳 사회공헌담당자를 소개해 달라고 요청을 하였다. 그렇게 요청해 온 사회복지시설 실무자들을 사회공헌담당자에게 소개해 주기를 몇 차례 거듭하고 나서 나는 사회복지시설 실무자의 유형이 두 분류로 나뉘는 것을 알게 되었다.

한번 소개해 주고 나면 알아서 기업담당자와 좋은 관계를 유지하고 그 이후의 사업제안부터는 나를 통하지 않고 직접 상담하는 사람이 있는가 하면, 또 어떤 이는 계속해서 나에게 '전화해 달라.' '제안서 잘 검토해 달라고 말해 달라.' '어제 보낸 제안서 어떤지 물어봐 달라.' 하면서 정작 그 사업을 맡은 기업담당자에게는 전화 한 통 하지 않은 채 내가 무슨 큰 권한이나 있는 양 나에게만 연락해 왔다.

소개해 주는 것도 한두 번이지 지속되는 요청에 무슨 중간 브로커도 아니고, 이런 일이 세 번 정도 있고 나면 도와주고 싶은 맘이 사라지고 살짝 짜증이 나기 시작한다. 어디 이런 생각은 나뿐이겠는가.

"아니 정부장님, 그루터기 시설은 왜 그래요. 직접 전화해서 물어보지 않고 자꾸 정부장님을 통해서 물어봐요?"

이런 전화가 오고 나면 사회공헌담당자와 관계가 껄끄러워지면서 오랜 시간 동안 연락을 서로 안 하게 된다.

이와는 경우가 다르지만 또 다른 사례도 있었다.

저금통을 대량으로 배포하기 위해 어렵게 지인을 통해 기업체 대표를 만나게 되었다. 만나서 저금통을 사내에 배치하여 직원들이 참여할 수 있도록 요청하고 앞으로 장애인복지에 대해 많은 관심을 가져 달라는 부

"자신의 주위에 펼쳐져 있는
인맥의 지도를 그려라"

탁을 덧붙였다.

그 뒤 다른 행사일정에 쫓겨 별다른 연락을 취하지 못한 채 몇 달이 지났다. 다시 접촉하기가 머쓱할 정도로 시간이 너무 오래 지났기에 처음 소개받은 지인에게 다시 면담요청을 하였다. 나의 청을 들은 지인은 "소개해 줬으면 어떡하든지 일을 성사시켜야지 두 손 놓고 있다가 인제 와서 다시 만나게 해 달라면 어떡해."라며 한마디로 딱 잘라 거절했다.

나는 그 기업체 대표와 지속적으로 관계를 유지할 수 있도록 적당한 시간이 흐른 후 다시 연락을 취했어야 했다. 담당 실무자 연락처도 알아 놓지 못한 내가 할 수 있는 일이라곤 후회밖에 없었다.

"지난번 소개해 주신 분에게 많은 도움을 받아서 이러이러한 자원이 확보되었습니다."라는 결실을 보여주었다면 소개를 해 준 사람도 흥이 나서 다른 기부대상자를 소개해 주었을 터인데, 결국 나는 미래의 잠재적 자원을 순식간에 잃어버리고 말았다.

내가 근무했던 한 건물의 경비아저씨와는 기분 좋게 인사하고 안부

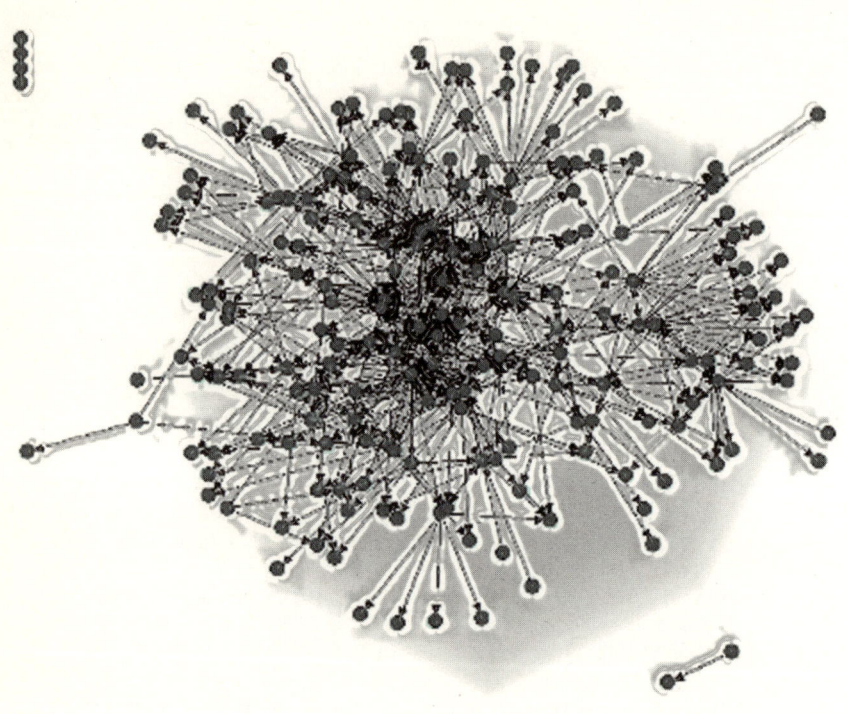

언젠가는 나를 도와줄 인맥지도를 그리자

를 묻는 정도의 사이였다. 그분과의 여담 중에 아저씨의 따님이 모두 알 만한 고위층 인사의 비서라는 사실을 알게 되어 신기해했던 기억이 있다.

나를 둘러싼 인맥의 지도를 그리고, 어떠한 일이든지 '저 사람이 혹시 알지도 몰라' 하고 긍정적으로 생각해 보자. 언제 어디에서 누가 나를 도와주게 될지 모를 일이다.

좌충우돌 모금실습 5

박원순 이사에게서 기부받을 수 있는 것

이번 주 모금실습 시간에는 우리 조 모금 이사인 모금전문가학교 박원순 교장에게서 무엇을 기부받을 것인가에 대해 궁리했다. 다들 알겠지만 박원순 이사에게서는 돈을 기부받을 수 없다. 왜냐하면, 그분은 돈과는 거리가 먼 사람이기 때문이다. 그래서 우리는 돈 대신 그분의 장점이자 큰 자산인 '박원순 강의'를 기부받아 이를 되팔기로 하였다.

워낙 바쁘신 분이라 강의를 기부받기도 쉬운 일이 아니었고 적정한 금액에 강의를 파는 것도 문제였다. 최저 금액을 백만 원으로 정하고 대상을 물색하기로 하였다. 백만 원이면 작은 돈이 아니었다. 그래서 이 '상품'은 박원순의 강의를 기회삼아 모금전문가학교 전체에 지원해 줄 만한 기업을 찾아 팔아야 한다는 데 모두 동의했다. 우리는 우선 누가 될지 모를 가상의 기업에 무엇을 어떻게 전달할지부

세상 가장 비싼 ○○텔레콤 퇴직자

○○텔레콤은 희망제작소에 우리나라 모금전문가양성을 위해 매년 1억씩 10년간 장학기금을 지급하기로 하였다.

○○그룹 '사회공헌'실무책임을 맡고 있는 ○○텔레콤 ○○○ 부사장은 퇴직을 앞둔 임직원들의 제2의 아름다운 삶을 지원하기 위한 프로그램을 찾던중 "은퇴자를 위해 제2의 행복설계, 사회활동을 통한 행복찾기"등 해피시니어 프로그램을 진행하고 있는 희망제작소 박원순 이사를 초빙하여 정기적인 은퇴후 설계강좌를 열어 사회공헌 참여를 통한 사회적 가치를 찾을 수 있도록 지원하기로 하였다.

박원순 이사의 강의료를 역대최고의 가격으로 책정된 이유는 제1기 모금학교생들이 모금프로젝트인 "모금전문가 한명더" 과정중 박원순 이사의 강의를 1백만원이상 팔아야 한다는 미션을 수행하기 위해 모금전문가 재학생들을 중심으로 "10년 앞의 기술, 10년 앞의 사회공헌활동"이라는 ○○텔레콤 사회공헌의 목적과

터 정리해 보았다.

우선 첫째, 언론매체가 관심을 가질 수 있도록 "세상에서 가장 비싼 강의료 지급"이라든지 "모금전문가학교에 매년 1억씩 10년 동안 영구기금 지원" 등과 같은 흥미로운 카피 문구를 만들어 가상으로 신문용 기사를 만들어보기로 했다.

2000년 0월 00일 0요일

의료 지불
직원을 위해

○○○ 부사장은 "기업의 사회공헌활동은 규모가 아무리
리나라의 비영리민간단체에서 요청하는 자원을 다 제공할 수
아서 그곳에서 모금활동을 하고 있는 전문가를 양성하여서
기부자가 될 수 있는 기부문화를 확산하고 기업에서 요구하는
동을 코디네이터 할 수 있는 모금가의 활동이 앞으로는
한다고 생각합니다. 따라서 모금가는 자신이 하는 일에 대한
감과 모금이라는 것이 과학이고 예술이다라는 것을 실천할 수
여야 합니다."라고 덧붙였다.

가 학교는 2009년 4월 최초로 희망제작소에서 비영리단체에서
는 모금담당자를 대상으로 시작하였으며, 모금가의 사명, 모금의
과 시혜개념의 모금활동이 아닌 모금의 과학화를 위해 세워졌다.
한명더 프로젝트-비영리단체 직원들이 경제적인 이유로
술을 배울수 없는 부분은 지원하기 위한 장학기금마련으로 제1
학생을 중심으로 시작되었다.

프레젠테이션에서 썼던 미래의 가상신문 내용

　　둘째, 기업의 사회공헌활동 범위를 직접지원 서비스에서 비영리단체의 역량 강화로 확대하는 것이 필요하며, 이를 위해서 '모금전문가' 육성 지원이 매우 중요하다는 점을 인식시켜 보기로 했다.

　　셋째, 기업의 사회공헌활동이 기업 구성원들에게도 큰 의미가 있다는 사실을

'박원순 강의'를 통해 공감할 수 있다면, 기업에 많은 도움이 될 것임을 강조하기로 했다. 특히 기업에서 퇴직을 준비하는 직원들이 사회공헌활동에 참여함으로써 아름다운 노년을 준비해 나가는 데 도움을 받을 수 있다는 점을 강조해 보자는 것이었다.

우리는 이러한 사항들을 잘 정리해 미래의 가상 신문기사를 만들기 시작했다. 이날 작성한 예상 신문기사를 토대로 만든 PPT에 모든 사람이 깜빡 속아 넘어갔다. 모두 그날 신문에 이 기사가 났다고 믿었기 때문이다. 그러나 이렇게 제안할 것이라는 '보여주기' 식 'SHOW'임을 알고는 모두 다시 한 번 놀라워했다. 물론 모금실습으로 진행된 프로젝트여서 실제 기업에 제안할 수는 없었지만 언젠가 모금전문가학교와 모금가의 교육지원을 위한 자원개발을 위해 꼭 한번 해 보고 싶은 일이다. 신문기사 PPT는 모금실습을 평가하는 강사들에게 높은 점수를 받았다.

'박원순 강의' 프로젝트는 뜻밖에 어렵지 않게 실행에 옮길 수 있었다. 우리 조원 중 김상기 씨가 봉은사 총무팀장으로 재직하고 있었는데 마침 불광사에서 주말 예불시간에 정기적으로 사회인사를 초청해서 설법을 듣는 시간이 있었다. 그 시간에 박 이사님 강의가 들어갈 수 있도록 배려를 해 주었고 우리는 백만 원이라는 기부금을 받을 수 있게 되었다.

결과를 우선 보여주자

기부나 후원을 요청할 때 그 대상이 기업이나 단체일 경우 '제안서'라는 형식으로 접촉한다. 공모사업일 경우 사업내용이 완벽하지 않더라도 '제안서' 때문에 선정이 되는 일도 있다. 이렇듯 '제안서 쓰기'는 비영리조직에서 꼭 필요한 기술이지만 모두 어려워하는 분야이기도 하다. 말이나 행동으로 보여주어야 할 것을 '종이'에 글로 요청하고 설득해야 하기 때문이다.

제안서 쓰기에서 가장 중요한 것은 이 제안이 수락되었을 때 어떤 결과가 나는지를 보여주는 것이다. 제안에 대한 계획을 세울 때 그 제안에 따른 결과, 즉 '파급 효과'를 돋보이게 하여야 하는데 보통은 '기대 효과'라는 항목으로 구분 지어 개조식으로 나열한다.

이때 중요한 점은 기업이나 단체에서 이 사업을 지원한다면 지원을 한 당신의 기업은 '이러이러한' 모습으로 시민들에게 각인될 것이며, 이 사업의 파급 효과는 '이러저러한' 모습을 띨 것이라는 것을 시각화해 보여주는 일이다. 이 제안이 추구한 긍정적 결과가 나오게 되면 제안을 받아 사업을 추진한 '당신'과 '당신의 기업'은 '이러저러한' 공익적 브랜드를 얻게 될 것이라는 사실 또한 구체적으로 제시해 주면 좋다.

즉 우리의 희망을 현실처럼 보여주라는 것이다. 내 경험으로 볼 때 마치 매체에 보도된 것처럼 기사화된 것을 제안서 한 면에 장식하는 방법은 이런 효과를 극대화할 수 있다. 바로 사업시행일에 주요 신문 헤드라인 기사에 대서특필된 것처럼 진짜 신문과 같이 만들어 보자. 기업에서는 사업에 동참함으로써 얻을 수 있는 긍정적 효과를 직접 체험할 수 있는 기회를 얻게 될 것이고, 이러한 사업제안을 수락할 가능성은 매우 커질 것이다.

모든 사람이 다 아는 사실이지만 기업은 그들의 움직임 하나하나가 언론에 긍정적인 방향으로 보도되기를 원한다. 일정한 시기(특히 명절, 신년) 일정한 형식으로 지면을 장식하는 그런 일률적이고 상투적인 기사 말고 좀 더 산뜻하고 독특하고 차별화된 기사 말이다.

기업과 비영리단체가 상생할 수 있는 지점이 어디인지 고민하면서 이에 걸맞은 프로그램을 개발하고 발전시키며 궁극적으로 사회의 공익적 가치를 실현해 나가는 것은 우리 현장 모금활동가들의 몫이기도 하다.

기부 결과를 눈으로 확인할 수 있는 SHOW가 필요하다. 그러나 과장과 거짓이 끼어든 SHOW는 사기다.

06

토종 모금 성공 이야기 집중탐구

09년 6월 20일, 강사: 태백 철암어린이도서관(원기준 희망제작소 객원연구원), 언니네트워크(활동가 '어라'), 시민공간 나루(오관영 사무처장)

" 우리는 우리보다 거리모금 캠페인을
오래 한 단체 실무자에게 조언을 구하기로 맘먹었다.
사실 유사모금단체에 우리의 어려움을 드러낸다는 것이
다소 자존심이 상하기는 했지만
달리 헤쳐나갈 구멍이 없었던 터라
우선 그들의 이야기에 귀를 기울여 보기로 했다.
우리의 이야기를 다 듣고 나서 그들이 내뱉은 첫마디!
"멀리서 찾지 마시고요.
사무실과 제일 가까운 조그만 슈퍼부터 시작하세요." "

지역사회에 답이 있다

오늘은 한국에서 성공을 거둔 모금사례의 기획부터 실행까지 일련의 활동을 탐구해 보는 시간을 가졌다. 대규모 비영리단체가 아니어서 더욱 궁금하고 관심이 많았던 시간이었다.

오늘 사례의 주제가 되는 비영리단체는 '시민공간 나루', '태백철암어린이도서관', '언니네트워크'인데, '시민공간 나루'의 경우를 제외하고 나머지 두 단체는 단체의 사무실도 변변치 않았고 활동가들의 급여도 아주 저렴한(?) 실비봉사자 수준이었다.

'언니네트워크'는 '나를 바꾼 여성주의, 세상을 바꾸는 네트워크'라는 비전으로 여성친화적 환경 형성과 여성주의 네트워크의 확장을 통해 모든 종류의 성적 차별과 억압이 종식된 새로운 사회 구현을 목적으로 세워진 단체이다. 시간적 제약과 지역적 고립을 뛰어넘어 평등한 연대를 가능하게 하는 사이버 공간을 주요한 운동의 근거지로 생각해서 처음에는 독립적인 사무공간의 필요성에 대해 고민하지 않았다고 한다. 하지만 이들은 온종일 햇볕 한 점 들지 않던 3평 남짓의 합정동 단칸방과 서울여성플라자에서 1년 동안 지원해 준 작은 공간, 다른 단체의 사무실에 책상 두 개를 놓고 버틴 8년을 지나오면서 단체에서 진정 필요한 것은 독립적인 공간이라는 것을 깨닫고 사무실 마련을 위한 모금을 기획하게 되었다.

각종 모금 워크숍에 참석하고 길고 긴 내부토론을 진행하면서 상근자들은 모금사업에 대한 당위성을 갖게 되었지만, 비상근활동가와 회원들에게는 별다른 자극이 되지 못했다.

아름다운재단에서 주관한 '2007년 제1회 비영리콘퍼런스'는 사무실 마련 방안에 대한 고민이 사업으로 구현되는 데 결정적인 계기가 되었다. 직장에 휴가를 내고 참석한 콘퍼런스에서 아이디어를 얻게 된 비상근활동가 4명은 이때부터 사무실 보증금 2,000만 원을 마련하기 위한 모금 사업을 기획하기 시작했다.

이들은 모금을 위한 밑그림으로 우선 모금 기획단을 꾸렸고 사업을 일이 아닌 놀이문화로 만들어 보자는 운동방식으로 참여자들의 확산을 독려했다. 각 팀 활동가들은 서로의 지향을 공유하는 토론 과정을 통해 언니네트워크를 단 한 문장으로 소개하는 미션을 탄생시켰고, '나를 바

꾼 여성주의, 세상을 바꾸는 네트워크'
라는 미션 선언문을 기초로 60초 안에 언니
트워크의 특징을 표현할 수 있는 열 가지
요소를 담아 언제 어디서나 누구에게라
도 신나게 소개할 수 있는 스토리텔링
인 '10 in 60'을 만들었다.

언니네트워크 활동가 '어라'

모금 기획단의 한 사람으로 참석한 활동가들은 "주변 사람들이 여성주의와 언니네트워크에 관심을 가지고 후원할 기회를 스스로 차단해 온 것 같다. 이제 좀 더 적극적으로 주변 사람들과 관계를 맺고 싶다."라며 모금을 요청하면서 느낀 소통의 필요성에 대해 글을 올리기도 하였다.

이들은 특히 모금대상별 접근도구와 모금방식을 구분 지었다. 언니네 사이트 회원은 온라인을 통해 모금 홈페이지를 연계하고 모금 현황을 실시간으로 공개하여 모금 독려를 유도했고, 회비 미납회원이나 기부경험이 있는 회원들은 그들과 친분이 있는 활동가들이 전화하거나 편지를 띄우고 때에 따라서는 직접 만나 모금을 요청했다.

모금 전략의 첫 번째는 모금 홈페이지 운영이었다. 홈페이지에는 도전과제와 목표금액을 공개하여 실시간 모금현황을 알려 기부대상자들을 독려하였다. 오프라인 활동으로는 일일호프, 벼룩시장, 타로장 운영, 여성주의자들과의 만남을 진행하였으며, 이벤트 진행, 뉴스레터, 웹자보, 배너들을 적극적으로 활용하여 온라인 참여에서 오프라인 모금참여로 자연스럽게 기부자들의 관심이 이어지도록 판을 짰다.

모금의 결과는 대단했다. 회원과 정기후원인 30%(57명) 증가, 정기후원금 평균 84%(1,367,536원→2,515,991원) 증가, 사무실 마련을 위한 보증금 2,000만 원 모금 달성이라는 놀라운 성과를 거둔 것이다.

또 다른 운동의 성과는 팀 활동가들의 변화였다. 다른 사람들에게 단체를 소개하려면 자신이 먼저 단체의 역사와 운영상황, 다른 팀의 활동에 대해 관심을 두고 배워야 한다는 것을 알게 되어 소속단체에 대한 애정도가 높아졌다. 또한 직접 모금활동을 펼치면서 막연하게 '후원 요청하기가 어렵다.'라고 생각했던 것에서 '할 수 있다.'라는 적극적인 자세로 변화했다.

이 모금사업은 여성운동이 지역사회로 확산하는 긍정적인 결과도 낳았는데 한 활동가는 점심시간에 평소 여성주의에 관심을 보이던 직장동료를 모아 언니네트워크를 소개하고 기부를 요청하였고 이를 계기로 직장 내 여성모임이 꾸준하게 진행되고 있다고 한다.

'언니네트워크'는 두 번째 도전을 준비하기 위해 숨을 고르고 있다. '308 수호마녀단'이라는 정기후원자 집단을 모집하여 재정적 안정을 도모하는 것과 '언니네' 홈페이지의 기능을 강화시키는 개편작업을 목표로 '언니네 무한도전 시즌2'를 준비한다는 포부를 밝히면서 사례발표가 마무리되었다.

'시민공간 나루'는 성미산 공동체를 중심으로 한 지역주민의 공간이자 소통의 자리이다. '나루'는 공동체의 미래를 위해 경계를 허물고 풀뿌리와 소통하며 새로운 희망을 함께 일구는 공간 명칭이다. 녹색교통운동, 함께하는시민행동, 한국여성민우회, 환경정의 시민단체가 주축이 되어 좀 더 활발하게 시민과 공감할 수 있는 공간을 찾아 사무소를 이전하려 했고, 이들은 건축기금 마련을 위한 모금을 하게 되었다.

이 단체들이 공동의 공간을 마련하여 이전을 생각하게 된 계기는 '이전' 자체가 '시민운동'이라고 믿었기 때문이다. 즉 공간의 변화를 통해 운동의 변화를 만들자는 것이었다. 시민운동의 위기라는 시기적인 어려움도 있었으나 지역과 소통하면서 교통, 환경, 여성 운동의 경계를 넘어 함께 새로운 시민운동의 기운을 만들어보겠다는 결의를 다져가며 어려울수록 '공격적' 투자가 필요하다는 역발상을 행동으로 옮겼다.

이들은 먼저 사무공간의 확장이 아닌 개인과 공동체가 조화롭게 소통하고 시민들이 맘껏 활동할 수 있으며 평등 가운데 민주주의가 자연스럽게 뿌리내리는 친환경 공간의 확장을 목표로 모금기획에 들어갔다.

초기 모금의 목표는 건물건립 총 예상비용 중 기존 4개 단체의 자산인 10억을 제외한 14억이었다. 모금계획은 철저하게 시민행동을 중심으로 이루어져야 한다는 원칙을 세웠다.

시민공간 나루 오관영 사무처장

4월을 시작으로 12월까지 9개월 동안 진행된 모금활동은 '릴레이 후원프로젝트'라는 연중 후원캠페인을 통해 회원과 기존 기부자들의 다양한 참여를 유도하였다. 대상자들에게는 신영복 〈나무〉 서화전, 후원콘서트 〈공감여행〉 등의 단발성 문화행사와 '사랑채를 들이는 사람들'이라는 제목으로 공간의 10%를 4만 원으로 대여하는 공간나눔, 한 번의 회비를 더 내게 하는 '열세 번째 달 회비를 내주세요.' 등 특색있는 참여프로그램을 구성하였다.

이 단체의 목표액은 앞에서 설명한 것처럼 총 14억 원으로 규모가 컸지만 이들 시민단체의 역사가 깊고 활동 폭도 넓었던 만큼 그들이 가진 내부자원과 기존 기부자들의 열성적인 참여로 달성 가능했던 모금이라고 생각된다.

태백철암어린이도서관의 사례발표 첫 장을 장식한 것은 '걸립'이라는 단어였다. 나처럼 다른 수강생들도 철자가 틀렸다고 수군거리기 시작했다. 발표자인 원기준 희망제작소 객원연구원은 우리의 수군거림을 이미 예상했다는 듯, '걸립'의 의미를 설명했다.

철암어린이도서관 '걸립'을 위해 거리모금을 하는 어린이

'걸립'은 고유어로 동네에 경비를 쓸 일이 있을 때, 여러 사람이 패를 짜서 각처로 다니면서 풍물을 치고 재주를 부리며 돈이나 곡식을 구하는 것을 말한다. 지역사회 아이들이 도서관을 만들려고 맑은 웃음을 짓고 고사리 같은 손을 흔들며 어른들을 움직이게 하여 자원을 모으는 과정을 '걸립'이라는 단어로 빗댄 것이다.

태백철암어린이도서관은 아이들의 자발성이 어른을 능가하고도 남을 수 있다는 사실을 보여주었다. 나는 이 사례가 올망졸망한 아이들이 코문은 자신의 돈을 먼저 기부하여 동네주민과 지역사회를 움직이게 한 전대미문의 '사건'이라고 표현하고 싶다.

지역사회를 벗어나 자원이 많이 있을 것 같은 곳에서부터 기부를 요청한 것이 아니라 크든 작든 내 이웃에서부터 요청했다는 점, 아이들 스스로 선하다고 생각한 일을 행동에 옮겼다는 점은 주목해 볼 만한 '모금 기술'이 아닌가 싶다.

순전히 사진으로만 설명된 태백철암어린이도서관 '걸립' 과정은 수많은 문자와 수식이 필요없는 모금의 산교육 그 자체였다.

태백철암어린이도서관, 언니네트워크, 시민공간 나루, 이 세 가지 성공한 모금 사례의 공통점은 아주 가까운 곳에서부터 시작했다는 것이다. 기존 기부자에게 재기부할 기회와 함께 기부에 대한 책임감을 불어 넣어 주고 지역사회의 변화를 위해 지역주민들의 힘을 그러모았다는 것이다.

나는 내부자원을 귀하게 생각하고 먼저 우리를 중심으로 조금씩 주변으로 퍼져 나가는 모금의 확산전략이 정답이라고 확신하게 되었다.

파랑새는 가까이에 있다

이들 단체의 모금 사례를 듣고 있자니 발밑에 떨어진 감은 보지 않고 손에 잡히지도 않는 나무에 매달린 감 따기에만 열중했던 일이 문득 머리에 떠올랐다.

우리 단체에서는 정기적으로 거리모금을 한다. 처음 거리모금을 시작할 때 모금할 만한 장소를 섭외하기가 너무 힘이 들었다. 다른 단체에서 모금 캠페인을 하는 대형마트보다는 놀이공원이나 야외활동 공간에서 하는 것이 모금액을 많이 유치할 수 있다는 생각에 서울시를 중심으로 서울광장, 청계천공원, 광화문거리, 서울대공원, 어린이대공원, 에버랜드, 롯데월드 등에 문을 두드렸지만 번번이 거절당했다. 목표했던 장소를 매번 거절당하고 나서 우리도 할 수 없이 대형마트 쪽으로 눈을 돌려 공문을 보내고 담당자들에게 모금 캠페인 장소를 요청하였다.

기존에 다른 단체에서도 그렇게 하고 있던 터라 신규 개설점만 찾으면 그리 어렵지 않으리라 생각했는데 거절당하기는 대형마트도 마찬가지였다. 유사한 모금 캠페인을 다른 단체에서 하고 있기 때문에 중복 문제로 거절당하기도 하였고, 한두 번 장소를 내주었다가 고객들이 항의하는 바람에 다시는 비영리조직에 장소를 제공하지 않게 되었다는 이야기도 들었으며, 우리가 장애인단체이기 때문에 기업 이미지 문제상 장소를 제공할 수 없다는 통보도 받았다. 공연장이 있는 지하철역에 공문을 보내 '만남의 공간' 장소에서 조용하게 하겠다고 부탁해 보았지만 역시나 거절이었다.

그리고도 몇 주가 흐르고서 우리는 우리보다 거리모금 캠페인을 오래 한 단체 실무자에게 조언을 구하기로 맘먹었다. 사실 유사모금단체에 우리의 어려움을 드러낸다는 것이 다소 자존심이 상하기는 했지만 달리 헤쳐나갈 구멍이 없었던 터라 우선 그들의 이야기에 귀를 기울여 보기로 했다. 우리의 이야기를 다 듣고 나서 그들이 내뱉은 첫마디!

"멀리서 찾지 마시고요. 사무실과 제일 가까운 조그만 슈퍼부터 시작하세요."

'가까운 조그만 슈퍼'라…. 이곳에서 무슨 모금 캠페인을 할 수 있을 것인가 하는 의구심이 먼저 들었다. 어쨌든 자문에 대한 답이기에 우리는 사무실 바로 옆 빌딩 1층에 자리하고 있는 '진로마트'에 문을 두드렸고 뜻밖에 쉽게 모금장소를 허락받았다. 한 지역사회 안에 있다는 것이

장소를 허락받을 수 있었던 주 요인이었다. 지역주민이라는 점, 지역에서 좋은 일 한다는 이미지, 거절했을 때 이웃 간의 눈치, 뭐 이런 것들이 작용한 것이다. 장소를 찾지 못해 발만 동동 구르던 우리는 다음날부터 당장 거리모금을 시작했다. 다른 장소가 섭외되기 전까지는 이것마저도 감지덕지했던 것이다.

지역주민들의 반응은 작지만 매우 긍정적이었다. 게다가 우리 사무실에 매일 들르는 우체부 아저씨도 슈퍼 앞을 지나다 우리를 보고 반가워하면서 정기후원에 가입해 주셨다. 작은 마트였지만 아이들 손을 잡고 소소한 것을 구매하러 오는 가족의 발걸음도 많았으며 지역 내에 이런 복지조직이 있다는 것에 대해 호기심을 갖는 사람도 있었다. 절대적인 액수로만 따지자면 얼마 되지 않았지만 우리는 지역에서의 첫 거리모금에서 많은 것을 깨달을 수 있었다.

기업을 대상으로 후원과 자원을 확보하려 할 때도 마찬가지다. 10대 기업 혹은 누구나 들어봤음직 한 기업만을 생각해 온 것은 아닌지 돌아볼 필요가 있다.

지역사회 안에는 10인 이내의 직원을 두면서 알차게 소기업을 운영하시는 분들도 있으며, 상장을 준비하는 튼실한 중소기업들도 많다. 그리고 그렇게 지역경제를 움직이는 기업들이 사회공헌(단어 자체가 부담스러울 수도 있지만)을 마냥 어렵고 큰일로만 알고는 시작할 엄두조차 내지 못하고 있을 수도 있다. 기업 성과를 지역과 나누고는 싶은데 적절한 방법을 아직 찾지 못해 때를 기다리고 있을 수도 있다. 더 작게는 자영업을 하는 우리의 이웃, 찻길 건너 미장원 사장님, 원목가구 사장님, 프라이드 치킨 사모님, 이들이 곧 우리의 잠재 기부자임을 기억해야 한다.

실제로 우리 조직에서 모금을 담당하는 조정식 씨는 출퇴근길에 사무실에서 전철역까지의 모든 상점을 일일이 방문하여 정기후원자의 수를 높이기도 하고 장애인 관련 행사를 할 때 일시 기부를 이끌어 내기도 하였다. 입사 일 년차인 조정식 씨는 누가 보더라도 '선하고 착한 성품을 가졌구나.'라는 이미지를 갖고 있다. 언행도 다소곳하여 가까이서 듣지 않으면 무슨 말을 하는지 모를 정도이고 상사인 나에게 보고할 때는 자못 주눅이 잔뜩 든 채로 말을 더듬기까지 한다. 그런데 기부자 확보에는 단연 사내 일등이다. 그것도 지인을 통해서가 아니라 모르는 사람들에게서 말이다.

어느 날 회식장소에 늦게 나타난 그에게 타박하려고 말문을 여는 순간 손에 들린 후원회원 확보서가 눈에 들어왔다. 그게 웬 거냐고 물었더니 길을 따라오다가 (무심코 맘에 끌려) 순댓국집에 들어가 후원을 권유하였더니 해 주더란다. 그는 우리가 점심식사나 회식을 한 장소는 다음 날이면 어김없이 찾아가 정기후원을 유도하고 가입을 받아낸다.

우리는 추궁하기 시작했다. 어떻게 했기에 받았느냐고, 평소 말도 더듬는 네가 도대체 무엇을 어떻게 했느냐고 말이다. 다그치는 선배들의 눈을 피해 조심스레 내뱉는 그의 답변을 듣고 우리는 또 한 번 놀라면서

"**가까운 곳**부터 시작하라.
파랑새는 당신의 반경 1km 안에 있고
남의 떡은 늘 **커 보이게** 마련이다."

도 한편 그 뻔한 대답에 실망했다.

"뭐야, 비결이 뭐야. 뭐라고 그랬는데…."

"그냥… 아이 참…. 비결 없는데…."

"너 진짜 말 안 할래? 어디 혼자만 알고 있어. 의리 없게!"

"그냥…."

"그냥 뭐?"

"그냥 제가 하는 일 이야기 하고 회원가입 요청했더니 해 주셨어요."

"……"

"진짜에요. 딴 방법 없어요."

"……"

"그냥 말하면 돼요."

그냥 말하면 된다고? 그게 답이라고? 보물지도를 보여줄 것이라고 믿었는데. 그런데 왜 얼굴은 화끈 달아오르는지 모르겠다. 더욱 우리를 부끄럽게 하는 조정식 씨의 한마디.

"그리고요. 새로운 사람 만나서 한 번 얼굴 트기가 얼마나 어려운데. 매일 마주치는 주변을 왜 놓치는지 모르겠어요…. 그 좋은 자원을…."

우리는 무슨 일이 있어도 밥 먹는 자리, 특히나 회식자리에는 꼭 조정식 씨를 데리고 다닌다.

좌충우돌 모금실습 6

계속해서 노출하자!

이제 수업이 종반으로 치닫고 있으니 우리 조도 계획 실행 중간점검도 하면서 마지막 날 모금 결과를 어떤 방법으로 보고할지 좀 더 구체화할 필요가 있었다.

"아직 3주 정도 남아 있기는 하지만 지금 시점에서는 모금 정리를 해야 할 것 같아요."

초반부터 전력으로 질주하였던 우리 조원들은 '모금 정리'라는 내 말에 눈을 반짝이며 의아한 표정을 지었다.

"모금과정은 돈을 모으는 것뿐 아니라 기부자에게 모금의 성과와 사용에 대해 알리는 것도 중요하고 감사에 대한 표현도 매우 소중하다는 것을 이미 다 아실 것으로 생각해요. 우리가 졸업 후에도 계속해서 모금한다면 조금 더 길게 모금활동을 할 수 있지만 졸업 이후에는 이 모금 프로젝트를 공동으로 수행할 수 없어요."

내 설명에 이경기 국장은 "그러네, 남은 기간에 기부자에게 어떠한 방법으로 감사와 결과를 보내야 할지 고민해야 하겠네." 하며 맞장구쳤다.

"또 기부대상자 중 포기해야 할 사람과 마지막 재차 기부요청을 해야 할 사람을 분류하는 것도 필요하겠네요." 김분홍 씨도 의견을 내놓았다.

"정찬후 씨와 제가 맡은 하우스 파티에 대한 부분도 이제부터는 우리 조원이 다 같이 참여해야 할 시기가 되었고요." 지원 씨도 모금활동에 대한 정리에 힘을 실어 주었다.

"지금까지 기부대상자에게 모금의 목적과 참여를 이야기했다면 지금부터는 모금의 결과와 쓰임에 대해 널리 알려야겠네요." 김상기 씨가 거들었다.

모금실습을 시작하면서 우리가 꾸준하게 해 온 것은 기부했거나 기부를 약속한 대상자들에게 지속적으로 우리들의 모금활동을 노출했다는 것이다. 특히 이 사진들과 고액기부자들에게는 학교소식과 모금의 진척상황을 수시로 알려 주었으며 모금전문가학교 학생들에게도 우리의 모금실습이 '조'에 국한된 것이 아니라는 사실을 지속적으로 홍보했다.

우리는 이러한 홍보에 단체 메일을 사용하지 않았다. 내 경우에도 단체 메일이 오면 처음 몇 줄만 읽다가 그냥 삭제해 버린다. 그래서 나는 같은 내용의 메일을 보낼지라도 받는 이의 주소 하나하나를 다시 입력하고 메일내용 중 기부대상자의 이름을 몇 번 언급해서 차별화를 둔다. 중간 단락에는 그 사람과 내가 조금이라도 대화를 나누었던 것에 대한 느낌, 공유했던 에피소드를 집어넣는다. 단체 메일이었다면 1분도 걸리지 않았겠지만 많은 시간이 투자된 만큼 메일의 답변율과 기부승낙은 늘 80%가 넘는 효과를 얻었다.

우리는 또한 기부약정을 한 학생들이 약속을 행동으로 옮길 수 있도록 그들의 모금실습에 기부자로 참여하기도 했으며, 수업 중간에는 달콤한 초콜릿을 돌려 '물질공세'를 펴기도 하였다. 초콜릿에는 '당신의 모금활동도 함께 응원합니다.'라는 메시지와 함께 우리 조 모금의 은행계좌번호도 잊지 않고 넣었다.

'손이 가요, 손이 가 ~' 100번 이상은 들었을 어느 새우과자 광고의 로고송이 우리에게 매우 친숙한 멜로디가 된 것처럼 계속된 홍보로 우리의 모금기획은 항상 노출되었고 사람들은 점점 우리 모금을 자기 관심사처럼 여기게 되었다.

100의 법칙

어느 것 하나 쉽게 얻어지는 것이 없다. 특히 사람을 감동시키려면 오직 '반복과 노력'만이 지름길이다. 사실 외람된 이야기지만 나는 '반복과 노력'의 원칙을 이미 어렸을 때부터 섭렵했다.

나의 사촌오빠는 어렸을 때부터 개구쟁이였다. 늘 야단을 맞으면서도 사촌오빠는 얄궂고 험한 장난을 하고 다녔다. 어린 내 눈에도 오빠에게 배울 것은 거의 없었지만 딱 하나 부러운 게 있었다면 그건 팝송이었다. 나의 꿈이요 동경의 대상이었던 마돈나, 왬, 마이클 잭슨, 티나 터너, 아하 등의 노래를 유창하게 그것도 발음까지 완벽하게(내 귀에는 그렇게 들렸다) 부르는 오빠는 그 순간만큼은 내 우상이었다. 나는 궁금한 맘에 사촌오빠에게 물어봤다.

"오빠는 팝송을 어째 그렇게 잘해? 비결이 뭐야?" 입가에 살짝 오만이 묻은 미소를 지으며 오빠는 말했다.

"100번 듣고 따라하면 돼."

"100번?"

"그래 100번!"

"겨우 그게 답이야?"

"100번 듣고 따라하면 안 되는 노래가 없어."

뭔가 거창한 비결이 있는 줄 알고 잔뜩 기대했던 나는 너무 단순한 방법에 조금은 맥이 빠졌다.

나는 아하의 'take on me'에 그 비결(?)을 적용해 보았고 '正'자 표시를 두 번 정도 채우고는 이내 포기하였다. 비결치고는 너무 쉽다고 생각했었는데 100이라는 숫자는 무한대였던 것이다. 하지만 이 일이 있은 이후 나는 100이라는 숫자를 일상에서 많이 사용하였다. 단어를 외울 때나 산에 오를 때, 끈기가 있어야 하는 모든 일에 100이라는 숫자는 나의 목표가 되었다.

그래서 그런지 나는 후원을 요청할 때도 똑같이 '100의 법칙'을 적용한다. 시각장애인복지관에서 근무할 때의 일이다. 시각장애인 체력 향상을 위해서 등산프로그램을 기획하였고 등산복 마련을 위해 등산복 업체와의 접촉을 시작하였다.

그때도 인터넷이 있었지만 나는 조금은 다르게 접근하였다. 내가 아는 등산업체 몇 곳과 전화번호부에서 찾은 등산용품 제조회사 100곳을 선정하여 100개의 공문을 만들어 우편으로 보냈다. 시간은 오래 걸렸지만 나는 100이라는 숫자를 믿었고 한 곳이라도 답변이 와서 후원을 받을 수 있다면 성공이라고 생각했다.

답변이 온 곳은 S 등산복 제조회사였다. S 등산복 제조회사는 등산복 제조와 판매업체로 우리나라의 독자적인 브랜드다. 그때를 시작으로 지금까지도 이 업체에서는 일 년에 두 번 정도 우리에게 물품을 지원하고 있다.

신입직원이나 직무를 바꾼 후 후회하는 직원에게도 나는 항상 '正' 자를 적어주며 이 점을 강조한다.

"100번이 채워지고도 진전이 없으면 다른 일로 바꿔 줄게."

아직 100번을 다 채우고 직무를 바꾼 직원은 단 한 명도 없다. 그것이 무슨 일이든 100번을 다 채우기도 전에 그 분야에서 전문가가 될 것이 분명하므로 앞으로도 이 기록은 깨지지 않을 것이다.

인디언 기우제는 하늘을 움직여 비를 내리게 하는 영험한 효과가 있다고 한다. 하늘을 움직여 비를 내리게 하는 영험(?)은 무엇일까?

'비가 올 때까지 계속 제사지낸다.'이다.

07

온라인모금과 미디어모금

2009년 6월 27일, 강사: 육심나(DAUM 사회공헌팀 팀장), 이요셉(기아대책기구 홍보사업팀 본부장)

> "코피노를 도와주세요"라는
> 헤드 타이틀 대신
> "코피노, 분유가 없어 설탕물을 먹여요"로
> 카피를 변경하자 엄마들이 움직이기 시작해서 모금이 성공했다고 한다.
> 위탁아동 소풍지원비 모금 헤드 타이틀을
> "나도 다른 친구처럼 소풍 가고 싶어요"에서
> "소풍을 가면 할머니가 굶어요"라는 아이의 목소리로 바꾸자
> 네티즌들이 모금을 하기 시작했다고 한다.

마력의 소유자, 모금전문가

DAUM의 사회공헌팀 육심나 팀장은 온라인 모금에 대한 6가지의 키워드를 알려주었다.

    1. 네티즌을 설득해야 성공한다.
    2. 모금의 성공은 바로 소통이다.
    3. 베스트 카페에 글을 올려라. (카페는 손잡고 이동한다)
    4. 구체적이고 실현 가능한 목표를 제시하라.
    5. 헤드 타이틀은 백만 번 고민해라.
    6. 구체적인 에피소드를 알리면 네티즌을 움직일 수 있다.

필리핀에 버려진 코피노(필리핀에서 사는 혼혈아동)를 도와주는 모금이 있었는데 "코피노를 도와주세요"라는 헤드 타이틀 대신 "코피노, 분유가 없어 설탕물을 먹여요"로 카피를 변경하자 엄마들이 움직이기 시작해서 모금이 성공했다고 한다. 위탁아동 소풍지원비 모금 헤드 타이틀을 "나도 다른 친구처럼 소풍 가고 싶어요"에서 "소풍을 가면 할머니가 굶어요"라는 아이의 목소리로 바꾸자 네티즌들이 모금을 하기 시작했다고 한다.

실제로 많은 비영리단체가 온라인 모금에 대해서 깊은 관심을 두고 있지만 네티즌을 움직일 수 있는 전략이라는 것이 우리 손이 미치는 곳 저너머에 있는 것 같아 많은 한계를 느낄 수밖에 없다. 모금활동가는 홍보, 광고, 마케팅뿐 아니라 사람의 마음을 꿰뚫을 수 있는 다재다능한 능력, 아니 '마력'을 갖고 있어야 한다고 학생들이 수군거리기 시작했다.

이런 술렁임은 기아대책 홍보사업팀 이요셉 본부장의 미디어모금 강의에서 더욱 빛(?)을 발하게 되었다. 미디어모금 역시 한 가지 소스를 갖고 신문, 라디오, 잡지 등 서로 다른 여러 매체를 공략하는 접근이 필요하다고 그는 강조했다. 즉 하나의 재료로 찜도 만들고, 국도 끓이고, 지짐도 부쳐 먹고, 튀겨도 먹으라는 것이다.

기아대책이 조선일보에서 진행한 '아워 아시아' 프로젝트는 아시아와 아프리카 지역의 어린이 인권에 초점을 맞춰 전쟁과 기아, 질병 등 많은 고통을 겪는 사람들 가운데 가장 큰 피해자인 어린이들의 아픔을 공

"모금가는 Casting Director입니다.
모든 것을 아는 것도 중요하지만
누구를 선택하느냐가 훨씬 더
중요합니다."—아름다운가게 김재춘 국장

감하고 그들을 도와줄 수 있는 구체적인 방법을 모색하자는 취지를 갖고 2007년 1월에서 10월까지 진행되었다. 기사가 시작되면서 많은 시민이 움직이기 시작했고 그런 움직임은 도움의 손길이라는 행동으로 이어졌다. 기사 하단에는 늘 참여방법을 기재하였고 후속기사에는 참여한 사람들에 대한 동정도 소개하여 불타오르는 모금에 기름을 부었다.

조선일보 '아워 아시아' 프로젝트가 끝나고 기아대책은 소개된 기사를 모아 《우리는 천사의 눈물을 보았다》라는 서적을 발행하여 또 다른 참여자를 확산시켰으며, 책의 저자 박종인 기자는 인세기부를 통해서 나눔의 행동을 강화시켰다. 그뿐만 아니라 책자 소개 광고지면을 통해 참여이벤트를 개최하고 온라인모금으로 확대시켜 다양한 표현과 도구로 모금을 극대화하였다.

모금전문가학교 세 번째 교육시간에 아름다운가게 김재춘 정책국장이 강조한 말이 생각났다.

"모금을 잘하려면 공부하십시오. 경영, 마케팅, 커뮤니케이션, 프로모선, 유사사례, 관련법, 갈등조정, 마인드컨트롤, 영업전략과 노하우, 사회공헌, 심리학, 대인관계…"

쉬는 시간에 학생들은 자못 맥이 빠진 듯 한마디씩 내뱉는다.

"도대체 몇 가지나 더 공부해야 하나."

"점점 더 어려워지는 것 같아."

"이렇게 공부했다가는 서울대 갔겠다."

"우리가 하는 모금활동이 이렇게 넓었나."

"무슨 슈퍼맨 양성하는 것 같다."

모금전문가의 길은 멀고도 험한 것이 아니라, 아예 보이지도 않고 넘을 수도 없는 미지의 산만 같았다.

좌충우돌 모금실습 7

신참들, 거리모금에서 활짝 웃다

2009년 07월 07일 00시 20분 '원순닷컴'에는 이런 글이 올라왔다.

천신만고 끝에 이루어지는 모금

희망제작소와 아름다운재단, 중앙일보사가 공동으로 주최하는 모금전문가학교가 이제 종반으로 치닫고 있다. 한국사회에서 각종 모금의 수요는 많은데 막상 모금업무를 전담할 전문 모금가들을 제대로 발견하기 어렵다. 외국에서는 모금이 하나의 큰 산업이 되어 있는데다가 이들 전문가를 키워내는 다양한 학교와 교육시스템이 존재하고 있다. 그래서 만들어진 것이 바로 한국 최초의 모금전문가학교이다.

그런데 이 학교에 등록한 학생들의 열의가 보통이 아니다. 이들을 모금전문가학교에서 배운 것을 그냥 지식으로만 가지고 있지 않고 다양한 노력과 적용을 통해 현장에서 실천하려고 한다. 조별로 나누어 모금영역과 모금목표를 정해 실제 모금활동을 벌인다.

이 모금전문가학교 1기 학생 중에서 가장 열정이 많고 탁월한 모금실천을 보이는 정현경 씨가 이메일을 보내왔다. 그녀의 말대로 이런 도전이 나에게 비타민 같은 기쁜 소식이고 동시에 불우한 이웃과 사회에 대해서도 비타민 같은 소식이 될 것이다.

모금학교를 졸업하고 그 어느 곳에선가 모금전문가로서 명성을 휘날리고 그 결과 모금된 금액들이 이 세상의 어둠을 밝혀주게 될 것이라고 믿는다. 함께 정현경 씨의 즐겁고 용감한 모금 도전의 스토리를 즐겨보시라.

2009년 7월 5일 일요일. 더운 바람과 뜨거운 태양이 아침부터 내리쬐는 날이었다. 조손가정 돕기 모금을 진행하고 있는 우리 이웃조인 'D' 조는 조원 전체가 강동구 상일동 이마트 앞에서 거리모금을 시작하였다. 거리모금활동을 하는 우리 조직도 대형마트 섭외가 어려워 고전을 겪고 있었던 터라 '이마트 앞에서' 한다는 말을 듣고 어떻게 이마트와 협의를 했는지 궁금했다. 그 방법도 알고 싶고 또 모금전문가학교 총무로서 'D' 조에 조금이나마 힘이 되고 싶어 일찍부터 서둘러 나갔다.

서울적십자사에 다니는 목정하 학우는 이마트 옆에 있는 헌혈의 집을 통해 이마트와 헌혈의 집 중간지점에서 모금 홍보부스를 설치할 계획이었고 사전에 이마트와는 특별한 교섭이 없었다고 한다. 어쨌든 이마트에 가려면 선택의 여지없이 이 지점으로 지나가야 했다. 만일 이마트 측에서 항의해 오면 모금 홍보부스를

철수하고 이동할 수도 있다는 사실을 조원들에게 미리 알려 주었다.

　　책상을 옮기고 모금함과 안내책자를 보기 좋게 전시했다. 모금함에는 사람들에게 보이기 위한 전시모금으로 60,000원을 넣었다. 주변은 사람들의 왕래가 정말 많았다. 사거리 건널목과 분수공원이 대각선 지점에 있는지라 이마트에 가는 사람뿐 아니라 건널목을 건너는 사람, 분수공원에 가려는 사람, 전철역에서 나오는 사람들로 가득했다. 마치 그물 안에서 파닥거리는 생동감 넘치는 물고기떼 같았다. 그에 반해 모금하려고 나온 우리들의 모습은 금방이라도 회가 처질 것 같은 불안하기 그지없는 넋이 나간 도마 위의 우럭이었다.

　　우리는 모금 안내책상을 부여잡고 서로 얼굴만 바라보며 사람들에게 다가가기를 버거워하였다. 용기 내어 기부요청을 하는 학우도 있었지만 굳어 있는 얼굴과 파르르 떨리는 손, 더듬거리는 인사는 바삐 가는 사람들의 무시를 받을 만하였다. 게다가 거리의 사람들보다 모금하는 우리 자신이 더욱 사람들을 경계하는 눈초리였다. 안 되겠다 싶어 나는 학우들과 함께 거리 모금의 원칙을 정해 보았다.

　　첫째, 밝고 자신 있는 표정으로 미소 지을 것.

　　둘째, 안내책상에서 멀리 떨어질 것.

　　셋째, 우리의 소속을 정확히 밝힐 것.

　　넷째, 요청할 것이 무엇이며, 왜 필요한지, 그리고 어떻게 쓰일 것인지를 또렷하게 말할 것.

　　다섯째, 그리고 기다릴 것.

　　몰려있던 8명의 동료들을 몇 개의 구역으로 나누어 배치하고는 다섯 가지 사항을 다시 한 번 당부하였다. 나는 거리모금을 시작하는 동료들에게 힘이 될 수 있는 첫 기부모델이 있어야 한다는 필요성을 느꼈고 건너편 큰 교회에 협조를 요청해 보기로 했다.

교회에서 목사님을 뵙고 협조를 요청하려고 여러 노력을 했지만 끝내는 기부 요청을 거절당한 후, 나는 다시 모금 장소로 돌아왔다. 뭔가 도움이 되고자 한 시도였는데 아무런 소득이 없어 약간은 풀이 죽은 채로. 하지만, 돌아오는 길에 처음보다 활기에 찬 동료들의 모습을 보고는 무척이나 반가웠다. 모금함에는 동전도 약 0.5cm 두께로 채워져 있는 상태였다.

"동전 안 받고 지폐만 받는다고 하지 않았어?"

정미화 학우에게 동전이 채워져 있는 이유를 물었다.

"아이고 그런 말씀 하질 마세요. 10원짜리 동전이라도 모금함에 넣어주면 그 자체로도 행복해요. 동전을 안 받는다고요? 완전 배부른 소리지요."

"그뿐인가요. 돈을 안 넣어도 좋으니 내가 말하면 잠시라도 들어주는 것만으로도 감사해요."

황윤주 학우도 옆에서 듣고 있다 거든다. 지폐만 받고 동전은 받지 않는다던 처음 계획을 거리모금을 시작하면서 몽땅 벗어던져 버린 것이다.

학생들의 거리모금활동을 비디오로 촬영한 결과, 촬영 영상의 90% 이상이 거절장면이었다. "안녕하세요." 하면서 홍보물을 건네주면 시민들은 반사적으로 살짝 돌아 비켜지나가는 것이 다반사였다. 처음에는 인사를 건네자마자 지나가는 시민들을 아연하게 바라보던 학생들이 시간이 지날수록 악착같이 쫓아가서 자신

이 전하고자 하는 말을 능숙하게 하였다. 나는 그들의 열정 넘치는 변화에 놀라움을 금치 못했다.

모금함에 기부하는 시민을 떠나보내는 미화 씨에게 물었다.

"모금 성공했네, 기분이 어때?"

"저 웃는 거 안보여요? 이거 참 묘하네요. 열 번씩 거절당하면서 매번 가슴에 상처가 쌓이고 쌓이더니 한 번 기부수락을 받으면 쌓였던 상처가 싹 씻기네요. 이래서 모금하나 봐요."

한참 물이 올라 모금을 하고 있는데 우리가 우려했던 대로 이마트 직원이 우리 앞에 나타났다. 예상한 것처럼 모금 홍보 책상을 철거해 달라는 것이었다. 우리가 그분들과의 실랑이에서 이길 방법은 없었다.

마침 오후가 되고 모금성과도 만족할 만큼 차오르지 않아 우리는 다른 방법을 생각했다. 두세 명씩 짝을 지어 모금함을 들고 주변 상가와 공원에 앉아있는 사람들에게 다가가기

로 한 것이다. 이 방법은 생각보다 모금실적이 높았지만 매장에 들어서자마자 돈을 얼른 집어넣고 나가라는 업주들을 대할 때는 우리의 이미지가 그들에게 구걸하는 거지처럼 보일까 싶어 맘이 편치 못했다. 이 경우 우리는 홍보전단을 꼭 놓고 나왔다. 우리가 하는 행위가 '구걸하는 것'이 아니라는 것을 알리고 싶었기 때문이다.

시간이 지나갈수록 학생들은 자신감과 열정으로 빛나고 있었다. 사람들에게 기부요청을 하면 할수록 우리들의 모호함과 두려움이 사명과 가치라는 사실로 명확해져 갔다.

"거리모금 또 나갈까?"

슬며시 던진 나의 질문에 동료들은 또렷한 함성으로 답을 한다.

"물론이죠! 언제라도! 몇 번이라도!"

관상쟁이가 되지 말자

거리모금을 하면서 또 한 가지 느낀 것이 있다. 기부대상자 즉 시민들의 외모 특히 얼굴을 보고 '요청'의 가부를 결정한다는 점이다. 덩치가 크거나 인상이 험상궂은 사람이 오면 슬쩍 뒤로 돌아 반대편에 서성이고, 좀 쉬운 상대이다 싶으면 저쪽까지 달려가서 모금을 요청하기도 하며 나보다 키가 작거나 얼굴이 못생겼다 싶으면 냉큼 모금함을 내밀기도 한다.

말이 먹히겠다 싶어 모금을 요청하고서 기부행위가 바로 일어나지 않으면 줄기차게 그다음 말로 모금을 유도하고 상대를 놔주지 않는 반면, 첫 반응에서 상대가 강한 인상과 말투로 나오면 금세 꼬리를 내리면서 "안녕히 가세요, 들어주셔서 감사합니다."라는 공손한 절과 뒷걸음으로 물러난다.

물론 이런 현상은 자연스런 결과일 수 있다. 그러나 기부가 사회를 변화시킬 수 있는 씨앗이라는 점을 염두에 둔다면 적어도 이 씨앗은 누구에게나 공평하게 주어져야 한다. 기부를 할 생각이 없던 강한 인상의 사람이라도 모금을 유도하는 활동가들의 열정을 보고 지갑을 열 수도 있으며 기부를 통해 사회가 변화될 것이라는 설명에 지속적인 기부를 약속할 수도 있다.

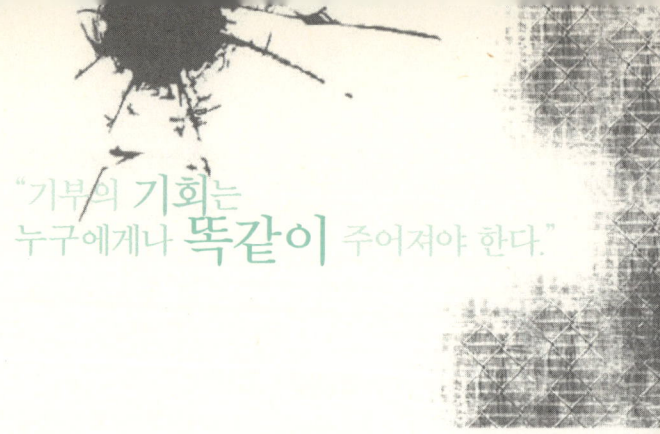

"기부의 기회는 누구에게나 **똑같이** 주어져야 한다."

    거리모금을 하는 비영리단체를 보며 걸어오는 '누군가'는 자신에게 요청될 무언가를 위해 준비를 하고 있을 수도 있다. 그럴 때 자신의 얼굴이나 외모 때문에 슬쩍 모금함을 돌리거나 말을 걸어 주지 않는다면 그 사람은 계속해서 거리모금을 하는 단체에 마음의 문을 닫을 것이다.

    씨앗은 모든 땅에 뿌려야 한다. 이것저것 따지지 말고 판단하지 말고 우선 뿌려야 한다. 어설픈 관상쟁이가 되어서 이렇다저렇다 판단하는 0.1초의 시간에 누구에게든 한 발짝 더 다가가야 한다.

08

지역을 모금 조직으로 삼고, 소통하라

2009년 7월 4일, 강사: 임철진(김해생명나눔재단 사무국장), 김현성(유브레인 커뮤니케이션 대표)

" 김현성 대표는 강의 마무리에서
자신이 가진 재능을 사회의
바람직한 변화에 쓰고 싶다고 했다.
나는 '저 사람이다!'
마음 속으로 소리쳤다.
'그래 좋았쓰~
내가 쓰이게 해주겠어'하는 모략 아닌 '모략'을 세우고는
혼자 의미 있는 미소를 지었다.
강의 말미에 내가 세운 모략을 눈치 챈 것인지,
아니면 하늘이 내 마음을 김현성 대표에게 전했는지,
강의가 끝나고 며칠 후 나에게 전자우편 한 통이 왔다. "

모금 드림팀 만들기

생명나눔재단은 2004년 9월에 설립해 다음해 12월에 법인으로 등록한 지역재단이다. 경남에서 지역사회공동체 운동을 펼치며 소외된 이웃의 좌절과 상처를 함께하고자 설립되었다. 이 재단은 현재 주로 소아암, 소아난치병지원사업, 빈곤아동지원사업, 장애아동지원사업, 독거노인지원사업 등을 펼치며 지역사회에 확고하게 뿌리를 내렸다.

이 재단 임철진 사무총장이 꼽은 재단의 성공 요인 중 첫째는 철저하게 지역 안에서 자원을 개발한다는 원칙이었다. 재단은 지역주민의 강력한 네트워크를 발판으로 시민이 직접 참여하는 모금과정을 개발했고, 이를 통해 대부분의 모금이 이루어지고 있다는 것이다.

오늘의 주제는 모금을 위한 조직구성, 즉 '모금 드림팀'에 대한 것이었는데, 우리가 예상한 것과는 달리 임철진 사무총장은 조금 다른 방향에서 조직에 대한 개념에 접근하였다. 우리가 비영리조직의 내부운영, 이사회 구성 등에 대한 강의를 예상한 것과는 달리 임 총장은 모금의 대상인 '지역사회' 자체를 거대한 조직으로 바라보았다.

'지역사회'라는 거대한 조직은 지역언론, 지역방송, 지역인터넷, 지역단체, 지역주민으로 나뉘었다. 여기에서 지역단체는 새마을, 바르게살기, 의용소방대, 풍물패 등으로 다시 나뉘었고, 각 하부조직은 네트워크로 엮여 단위별 단체장 모임이 정기적으로 실시되었다.

이러한 조직 구성은 굉장한 힘을 발휘했다고 한다. 가령 시민참여행사를 기획할 때 단체별로 자발적으로 행동할 수 있도록 고려해 판을 짜서 각기 고유한 기능을 수행하도록 하면 행사의 성공확률은 매우 좋아졌다. 단지 모금의 결과보다는 참여하는 과정에 더 큰 의미를 둔 것이 소속감에서 우러나오는 충성도를 높였고, 참여자로 하여금 '우리의 일이며, 우리 지역사회에서 해결해야 하는 일이다.'라는 신념을 갖게 하였다.

또한 이러한 활동의 최종 성과가 지역단체와 주민에게 돌아가도록 한 것도 지역사회에 만들어진 모금조직이 더욱 견고하게 유지될 수 있는 동력이 되었다. 재단은 순전히 코디네이터의 역할만 할 뿐 어디에도 눈에 띄게 자신을 드러내지 않았으며, 지역사회가 스스로 움직이고 자원을 구해 자발적으로 성장한 것이라 인식하게끔 뒤에서 묵묵히 지역사회를 지원했다는 것이다.

우리는 쉬는 시간에 커피를 마시면서 자신의 모금조직에 대해 자연스럽게 이야기 나누었다. 대부분 관리자급 직책을 갖고 있어, 조직이 가진 문제점과 애환, 조언을 비교적 있는 그대로 이야기하며 토론할 수 있었다. 나는 어느 조직이나 대동소이한 고민을 안고 있다는 사실에 작은 위안을 받았다.

성공하는 모금조직이 되려면

성공하는 모금조직이 되려면 어떻게 해야 할까? 아마도 이번 모금학교에 참여한 사람들은 물론 모금과 관계되는 일을 조직 내에서 맡은 사람이라면 이 질문은 일상화된 고민이자 화두일 것이다. 내 경험이 모든 것을 아우른다고는 할 수 없지만 현장에서 어언 10년 이상을 좌충우돌하며 얻은 몇 가지 팁을 나와 같은 처지에 있는 사람들과 함께 고민해 보고자 용기를 내 적어본다.

한방은 절대 없다.
비영리조직의 모금실무자는, 말하기 좀 뭐하지만, '한방'에 대한 꿈이 있다. 평화의 댐이나 IMF 시절의 금 모으기처럼 전 국민이 안방 장롱에 있는 금반지까지 털어 내놓을 수야 없겠으나 그에 버금가는 '한방'을 구상하려고 우리는 애를 쓴다. 그러나 현실 세계에 '한방'은 존재하지 않는다. 꿈도 꾸지 말자.

두세 명이 여러 업무를 겸직하는 작은 비영리조직에서 거액모금을 위해 계획을 세우고 시작은 할 수 있으나 모금활동이 진행됨에 따라 감당할 수 없는 많은 일이 조직을 침잠할 것이다. 희생과 사명, 그리고 열정이 넘치는 조직이라도 규모가 작고 모금운영에 대한 전문적인 기술을 갖추지 못했다면 차오르는 일과 자원을 감당하지 못하고 만다.

모금의 규모는 조직의 크기와 조직원의 역량에 맞게 계획되고 추진되어야 한다. 작은 단체가 작게 시작해서 점점 조직을 키워나가듯이 모금의 규모도 점차 키워가야 한다. 특히 모금활동가들의 전문성을 키우고 역량을 증강하면서 모금 운영을 체계적으로 할 수 있도록 모금 관련 시스템을 갖추기 위한 노력도 물론 함께 병행되어야 할 것이다.

교육과 훈련은 모금가의 생명을 지켜준다.

언젠가 중앙일보에 게재된 '미군은 절대 준비되지 않은 사병을 사지로 내몰지 않는다'는 미육군훈련소 방문기사를 읽고, 이를 모금현장에 대비시켜 보았다. 우리는 '준비되지 않은 활동가들을 사지로 지속적으로 내몰고' 있는 형국이었다. 그렇기 때문에 우리는 더 많이 힘들어하고 제대로 버티지 못하고는 다른 직장(영리조직)을 찾게 되는 것 같다.

월급과 근로조건이 사회생활의 우선된 가치였다면 비영리조직에서 활동하려고 생각하지 않았을 것이다. 자신의 소명이라고 생각했기에 이 길을 선택했으나 자신이 믿는 가치에 대한 신념을 지속적으로 확인시켜 주고 확신을 하게 하는 뭔가가 없기 때문에 활동가들의 정신과 육체는 소진되어 가는 것이다. 그 뭔가에는 아마도 제대로 된 교육과정 같은 것도 포함되어 있을 것이다.

사실 비영리조직 관리자들도 교육에 대한 중요성을 알고 있다. 그러나 교육에 투여될 재정상황에 여력이 없거니와 당장 일을 처리하기 위한 인력도 충분치 않기 때문에 엄두를 못 내는 것이다. 그래도 지금의 버거움은 잠시 잊어야 한다. 현장에서 전사하지 않고 거뜬하게 이기고 돌아오게 하려면 충분한 교육과 체계적인 훈련을 거친 다음 '사지'로 내보내야 한다.

'전설'로 남고 싶으면 솔선수범하는 관리자가 되라.

기부금 한 푼, 기부자 한 명을 소중하게 생각하는 관리자가 있는 조직은 직원들의 한 푼도 말단직원 한 명도 소중히 여긴다. 또한 모금에 대한 철저한 사명과 책임을 아는 운영자와 함께 일하는 직원들은 '모금'

에 대해 묻고 또 물어가며 투명하게 일할 수밖에 없다.

　비영리조직의 관리자는 그 어떤 조직보다도 솔선수범하여야 한다. 그리고 더 나아가 조직의 미션과 비전의 상징과 사례가 되어야 한다. 모금 명분에 대해 먼저 철저히 준비되어 있어야 하고 모금활동을 위해 지속적으로 아이디어를 제공하고 기획할 수 있는 능력을 갖추어야 한다.

　다른 업무 때문에 같이 하지 못하는 상황이라면 활동가 시절의 활약과 전설(?)이 된 이야기들을 끊임없이 직원들에게 노출해 보자. '일하는 관리자' '열정에 가득 차 있는 팀장'으로서 당신을 '포지셔닝' (positioning)해야 한다. 닦달만 하고 결과만을 요구하는 관리자가 아닌 활동의 알파와 오메가를 알고 유사한 활동에 대한 '전설'적 이야기를 들려 주는 관리자가 되어야 한다. 그러려면 조직원들이 어려운 상황에 봉착했을 때 해답이 되고 자극이 될 수 있는 답안지를 누구보다 많이 갖고 있어야 한다. 관리자의 열정과 전문성은 고스란히 직원들이 보고 배운다. 관리자는 직원들의 교과서이다.

모금활동가들에 대한 투자에 인색하지 마라.

기부자에게 모금조직의 운영과 활동가들의 인건비를 위해 모금요청을 하면 잘 받아들여지지 않는다. 기부자들은 조직의 역량강화에 대한 부분을 조직 스스로 감당해야 한다는 생각을 하고 있다. 하지만 많은 비영리조직에는 아직도 평균 근로 임금에도 못 미치는 급여를 받고 활동하는 간사들이 수두룩하고, 다음 달 사무실 월세에 대한 걱정으로 밤잠을 설치는 조직이 부지기수다. 이런 상황에서도 모금조직은 기부금을 조직의 안정과 역량강화에 쓰기보다는 사업확대를 위해 사용하고 있다.

'사회사업,' '자선,' '복지'는 사람이 하는 것이다. 아무리 좋은 명분과 사업이라도 사람이 신명나게 움직이지 않으면 더 큰 효과를 창출해낼 수 없다. 자선과 복지를 위해 일하는 비영리조직 사람들은 개인복지를 아예 접고 산다. '사명'이라는 구호 아래 개인복지, 가정복지는 뒷전으로 미뤄 둔다.

사회복지사들끼리 결혼하면 기초생활 수급대상자가 된다는 농담 섞인 자조적 진실이 떠돈 지 이미 오래다. 모금조직의 설립과 운영이 사회적으로 정당하고 꼭 필요한 가치라면 조직을 운영하는 기반 투자와 조직원들의 개인복지를 위해서도 당당하게 조직을 위한 기부금을 요청하고 사용해야 한다. 처음부터 모금할 때 일정액은 조직의 운영을 위해 사용한다는 문구를 넣어 기부자에게 알려주거나 조직을 위해 지정기부를 받는 노력도 게을리하지 말아야 한다.

언제까지 비영리조직에서 일하는 사람들에게 사명, 희생, 사랑만을 강조해야 하나? 좀 더 전문적인 기술과 사람을 움직이는 활동가들을 만들려면 제대로 된 교육과 안정된 환경을 제공해 주고 오로지 대의를 위해서만 전력할 수 있는 여건을 만들어야만 할 것이다.

모금 명분이 조직구성원 모두에게 공감되었는지 알려면?

조직원 모두에게 조직의 목표와 모금의 명분이 공감되었는지를 판단하는 가장 좋은 방법은 바로 조직원 스스로 기부하는지를 확인해 보는 것이다. 직원들이 눈치와 의무감으로 내는 기부가 아니라 기쁜 맘으로 스스로 기부한다면 그 조직의 모금은 이미 성공한 것이나 다름없다. 조직 구성원 모두의 마음을 움직인 모금 명분은 그만한 폭발력을 갖추고 있으며 이 경우 실제 모금과정에서도 성공 가능성이 크다.

그러나 아무리 훌륭한 명분이라 해도 '자발성'이 훼손된다면 결국 자발성에 기초한 폭발적인 에너지를 상실하게 될 것이다. 내가 아는 한 단체는 직원들의 월급에서 꼭 1/10을 '의무적으로' 내게 한다고 한다. 자신의 월급 중 1/10을 사회에 되돌려 소외된 자와 함께하는 마음은 매우 소중하다.

하지만 그 이유가 종교적이든 아니면 또 다른 이유든 직원 월급 일부를 지급 전에 당사자에게 허락도 안 받고 준강제로 공제한다면, 또 그런 분위기로 만들어 간다면 이는 '자발성'이라는 가치를 훼손하는 것이며 이러한 자발성 훼손이 언제 모금 명분의 훼손으로 이어질지 누구도 모를 일이다.

'사람'을 만나는 모금전문가가 필요하다.

모금활동가, 모금전문가에 대한 자격이 있는 것도 아니고 확실한 지위를 부여할 만한 기준도 없다. 비영리조직에서 모금을 위한 활동가를 뽑을 때는 이력서에 기재되어 있는 그 사람의 경력을 보고 판단하게 된다. 그러나 모금전문가라고 자신이 선뜻 말할 수 있는 사람이 몇이나 있겠는가. 그것에 대한 대안으로 사회복지사나 시민단체에서 일했던 사람, 또는 영업과 관련된 일을 했던 경력 있는 '착한' 사람을 채용하는 경우가 있는데 이러한 고용은 바람직하지 않다.

외국의 한 자동차 정비회사에서는 매출을 올리려고 종업원들에게 차를 고친 만큼 인센티브를 주기로 하였다. 일한 만큼 수당이 쑥쑥 오르니 자연히 회사 전체의 매출은 급상승하였을 것이다. 이러다 보니 종업원들은 필요없는 부분까지 뜯어고치게 되었고 그 결과 발생한 과비용은 고스란히 소비자의 경제 손실로 이어졌다.

몇 달 후 한 소비자가 불필요한 부분까지 수리하는 것을 알고 회사에 신고하였다. 이 일로 회사에서는 인센티브 지급 기준을 변경하였다.

차를 고치면 인센티브를 주는 것이 아니라 차를 고쳐 고객이 만족하면 인센티브를 주는 것으로 바꾼 것이다. 정비사들은 차를 고치는 것뿐만 아니라 고객만족에도 초점을 맞추어 차에 대해 세심하게 설명해 주면서 고객만족에 대한 반응에 열성적으로 접근하게 되었다. 회사의 매출은 다시금 뛰기 시작하였다.

처음 결과는 종업원들이 소비자보다 차를 우선하여 생각했기 때문에 나타난 잘못된 결과다. 이 에피소드는 사람 중심 경영, 서비스가 얼마나 중요한지를 새삼 깨닫게 한다.

그렇지만 모금 분야에는 조금 다르게 이해해야 할 부분이 있다. 소중하게 생각한다는 점에서, 그리고 좀 더 많은 관심을 두고 최선을 다해야 한다는 점에서 잠재적 기부자를 '고객', '소비자'로 이해하고 인식하는 것은 좋으나 이들 기부자를 영리부문에서 이야기하는 소비자 그 자체로 인식해서는 안 된다는 것이 내 생각이다. 왜냐하면 비영리부문에서 소위 '소비자'(기부대상자)는 그들의 돈을 우리에게 대가로 주기에 앞서 그들의 마음을 먼저 주기 때문이다. 돈은 어디까지나 마음 뒤에 따라오는 부수적인 것일 뿐이다.

모금전문가, 모금활동가는 모금만을 하려고 사람을 만나지 않는다. 이들은 '돈' 중심이 아닌 '사람' 중심으로 일하며 '가치'의 밀알을 심고 씨앗을 퍼뜨리는 사람이다. 또한 모금전문가는 하루아침에 개론서 몇 권 읽고 만들어지는 것이 아니다. 따라서 단순히 물건 많이 팔았던 경험이 있는 사람, 법 없이도 살 수 있는 심성 좋은 사람을 데리고 와 모금의 명분을 팔게 해서는 안 된다.

이 세상에 대한 사명이 있고, 사람을 귀히 여기며, 사람과 사람이 모이면 놀라운 에너지를 발산할 수 있다고 믿는 사람, 사람이 사람을 살릴 수 있다고 믿고 과학이 아닌 사람만이 이 세상을 변화시킬 수 있다고 믿는 사람, 이 모든 사실을 우리 사회에 신명나게 알릴 수 있는 사람이 바로 모금가다.

왕의 마음이 아니라 농부의 마음으로 기다려라.

옛 이야기에서는 왕이 한마디 하면 '즉시 시행하겠나이다' 하면서 일사천리로 일이 진행되어 결과가 나온다. 그러나 그렇게 진행될 수 없는 것이 바로 모금이다.

조직의 관리자는 항상 농부의 마음이어야 한다. 모금활동을 시작하고 기부금이 금세 들어오지 않는다고 직원들을 옥죄면서 노심초사할 것이 아니라 씨를 뿌려놓고 바람, 흙, 태양, 비가 대지에 순환되는 기다림의 시간을 가져야 한다.

모금활동가를 채용하자마자 조직의 모금액이 목표그래프를 뚫고 나갈 것이라는 기대는 접어야 한다. 모금활동가가 모금의 명분을 제대로 인지하고 있는지, 조직의 환경에 걸맞게 모금활동을 할 수 있도록 충분하게 교육했는지, 모든 여건들이 모금사업에 집중할 수 있도록 준비되었는지, 모금기획 의도 및 명분이 잠재적 기부대상자들에게 잘 전달되었는지, 그리고 이들 잠재적 기부대상자들의 마음을 움직일 수 있는 적절한 시기는 언제인지 확인하면서 참고 기다리며 때로 적절한 자극도 줄 수 있는 책임자가 큰 수확을 하게 마련이다.

오늘의 신문은 내일의 모금 달력이다.

대통령, 기업인 등 소위 사회적으로 성공한 사람들의 공통점은 신문읽기다. 허영만 씨가 쓴 만화책 《부자》에서는 오직 주식만으로 부자가 된 한 '여자'에 대한 이야기가 나오는데 이 여성도 신문읽기를 꾸준히 하면서 경제와 기업의 흐름을 파악하고 이를 바탕으로 주식을 사고팔았다. 그렇다고 주식을 모금전략으로 삼자는 이야기는 절대 아니다. 그만큼 모금과 세상 돌아가는 이야기는 밀접한 관련이 있다는 이야기다.

 지금은 시간에 쫓겨 날마다 꾸준하게 할 수 없지만, 나도 아침에 신문 읽기를 매우 중요한 하루 일과로 여기고 있다. 때에 따라서는 우리 조직과 관련된 장애인에 대한 주제, 기부문화에 대한 기사를 스크랩해 놓기도 한다.

 기부, 모금을 염두에 두고 신문기사나 광고를 보면 마치 브레인스토밍 할 때처럼 전혀 연관없는 문맥 속에서도 아이디어를 찾게 되는 경우가 왕왕 있다. 특히 경제신문은 기업의 일거수일투족이 다른 일간지에 비해 매우 자세하게 그리고 많은 양의 기사가 보도된다. 아주 작은 기업의 사회공헌활동과 기업복지재단설립에 대한 기사도 경제신문에는 꼭 나오는 것 같다.

기사를 모으다 보면 기업의 사회공헌활동의 흐름 혹은 그들이 즐겨 사용하는 홍보 방법을 눈치 챌 수 있다. 간혹 괜찮은 홍보방법이라고 생각되는 것을 접할 때는 잘 기억해 두었다가 훗날 이를 활용하기도 한다.

이렇듯 기업 사회공헌활동의 대상, 활동범위, 홍보전략, 시기 등을 조사하고 연구하다 보면 기업에 어떻게 접근해야 할지 대체적인 접근방법이 머리에 그려지고 다음해 해당 기업에 문을 두드리면 아무 준비 없이 달려든 것보다는 적어도 몇 배 이상의 성공 가능성이 있다. 더 나아가 비영리조직 스스로 사회적 흐름과 변화상을 잘 파악하고 이를 토대로 해당 기업의 욕구를 반영한 사업기획서 혹은 사업제안서를 좀 더 공격적으로 기업에 제안할 수도 있을 것이다.

1억을 기부하면 무엇을 하시겠습니까?

"1억을 기부하면 무엇을 하시겠습니까?"라고 물으면 질문자에 만족할 만한 답을 줄 수 있는 조직이나 활동가가 몇 명이나 될까? 모금하려고 노력하는 조직이나 단체도 얼마만큼의 자원이 기부금으로 충당되어야 하는

지 모르거나 사업을 운영하려면 어떤 재원이 필요한지 모르는 경우가 상상 외로 많다. 이는 조직의 구성원들이 조직의 목적에 대해 잘 모르거나 공동의 목표의식이 없기 때문일 것이다.

더 심하게는 고액기부자가 기부 의사를 타진해 오면 단지 그 기부금을 받으려고 그제야 비로소 해당 기부금에 맞게 사업을 짜맞추는 단체도 적지 않다. 그러다 보면 계획에 없는 무리한 사업을 할 수밖에 없고 단체의 역량, 인력 등을 염두에 두지 않고 일을 벌여 조직을 과부하 상태로 내몰기도 한다.

조직의 목적과 사명은 무엇인지, 해당 단체를 둘러싼 이해관계자는 무엇을 원하는지, 투입 대비 산출은 어떻게 될지, 사업시기는 언제가 적절할지, 파급 효과 혹은 기대효과는 어떨지, 또 이러한 조직 성과를 어떻게 측정하고 기부자에게는 무엇을 보고할 것인지 등, 좀 더 구체성을 띤 철저한 준비가 필요하다.

모금전문가는 소통전문가

 모금학교 교육 중 내 심장을 흔들어 놓은 두 번째 남자를 소개한다. 금강기획에서 일하다가 유브레인커뮤니케이션이라는 회사를 차리고 막 대표라는 이름을 가슴에 단 김현성 님이다. 원래는 예정된 강의가 아니었는데 특별 강의자로 섭외를 하고 나니 대어를 낚은 결과였다.
 뭔가 어색한 듯 수줍게 강의를 시작한 김 대표는 학생들과 금세 교감을 하고는 상기된 얼굴로 모든 열정을 고스란히 강의실에 쏟아부었다. 학생들은 지금껏 수업에서 아쉬웠던 광고, 홍보, 마케팅, 인간심리에 대한 부분을 한 꼬치에 가지런히 정리할 기회를 얻었으며 사람을 움직이는 문장 하나, 사진 하나가 얼마나 큰 효과와 변화를 낳는지도 직접 확인해 보는 시간도 갖게 되었다. 또한 광고라는 것이 번뜩이는 아이디어가 어느 날 '앗'하고 떠오르는 것이 아니라 체력을 키우는 것처럼 꾸준한 연습과

훈련의 산물이라는 것도 알게 되었다.

김 대표는 공공캠페인의 개념과 방법에 대한 111장의 준비자료를 선보이면서 설득커뮤니케이션의 중요성을 강조하였다. 캠페인의 목표는 객관적 근거에 기초하여 설정되어야 하는데, 여기서 성공하려면 커뮤니케이션에 대한 문제정의에서 출발해야 한다고 하였다.

어떤 집단을 어떻게 변화시켜야 하는가? 하는 타깃 설정에서는 대상자에 대한 차별적 접근이 캠페인 전략부터 메시지, 아이템, 프로그램을 결정하므로 세부집단에 대한 이해와 커뮤니케이션 접근의 공감대 형성을 충실하게 검토해야 한다고 당부하였다.

공공캠페인 A to Z 발상법은 알파벳 첫 글자에 해당하는 단어를 중심으로 캠페인 전략을 요약해서 표현한 부분인데 각자의 조직에서 캠페인을 기획할 때 두고두고 들춰보면 많은 도움이 되는 자료였다.

김현성 대표는 강의 마무리에서 자신이 가진 재능을 사회의 바람직한 변화에 쓰고 싶다고 했다. 나는 "저 사람이다." 마음속으로 소리쳤다. '그래 좋았쓰~ 내가 쓰이게 해주겠어!' 하는 모략 아닌 '모략'을 세우고는 혼자 의미 있는 미소를 지었다.

좌충우돌 모금실습 8

강사에서 고액기부자로 그리고 동지로

강의 말미에 내가 세운 모략을 눈치 챈 것인지, 아니면 하늘이 내 마음을 김현성 대표에게 전했는지 강의가 끝나고 며칠 후 나에게 전자우편 한 통이 왔다.

> 선생님 잘 지내시죠?
>
> 사실 얼굴은 가물가물하지만 매일과 온라인을 통해서 너무 많이 접해서 오래 알고 지낸 사람처럼 살갑습니다. 폭우에 피해는 없으신지 걱정입니다.
>
> 이렇게 빗소리를 들으며 불현듯 메일 띄우는 것은 한가지 상의드리고 싶은 것이 있어서입니다. 효요일 특강 이후 회사에 돌아와서 구성원들과 이야기를 나눴습니다. 모금가 과정에 대한 소개와 그날 분위기 등등을 얘기했습니다. 그리고 모금전문가를 위해서 특강비를 기부했다는 얘기를 은근히 자랑삼아 했습니다.

이런 저런 얘기가 오가는 와중에 우리 회사 이름의 장학생을 매기수 한 명씩 선발해서 지원하면 어떨까요? 하는 얘기가 나왔습니다. 그 후 내내 제 머릿속에 그 얘기가 떠나지 않아서 이렇게 메일 띄웁니다. 매기수 한 명씩 유브레인 장학생을 선발해서 비용을 저희 회사에서 지원하는 것에 대해서 어찌 생각하시는지요?

사업을 시작하면서 일정 부분을 사회에 환원하겠다는 생각을 했었답니다. 그런데 이렇게 멋진 기회가 빨리 올 줄이야…. 모금전문가를 양성하는 작은 씨앗이 될 수 있다면 좋겠습니다.

만약 제안이 받아들여진다면 저희 회사 이전 집들이 날(7월 24일 예정) 직원들 앞에서 작은 세레모니를 하고 싶습니다. 제 결의를 크게 다지는 의미에서 공적으로 약속하는 것이 좋을 듯해서요.

지속성에 대한 두려움과 떨림이 있는 것이 사실입니다. 진정성을 잃지 않고 마음쓰면서 살아간다는 의미도 있고요.

우리는 2009년 7월 24일 유브레인커뮤니케이션의 집들이에 참석해 이제 막 사회공헌을 시작하는 '착한 기업'의 건승을 기원했다. 진심 어린 축하와 감사가 어우러진 멋진 자리였다.

가운데가 유브레인커뮤니케이션 김현성 대표, 오르쪽으로 나도선 모금전문가학교 1기 회장(울산대 교수)과 필자

모금과 커뮤니케이션

김현성 대표의 강의를 듣고, 그와 몇 번의 메일을 주고받으면서 '커뮤니케이션'이라는 것에 대해 나름대로 정리해 볼 수 있는 시간을 갖게 되었다. 사전을 찾아보니 'Communication 커뮤니케이션,' 언어·몸짓이나 화상(畵像) 등의 물질적 기호를 매개수단으로 하는 정신적·심리적인 전달 교류. 어원은 라틴어의 '나누다'를

의미하는 'communicare'이다. 신(神)이 자신의 덕(德)을 인간에게 나누어 준다거나 열(熱)이 어떤 물체로부터 다른 물체로 전해지는 따위와 같이, 넓은 의미에서는 분여(分與)·전위(轉位) 등을 뜻하는 말이지만, 근래에는 어떤 사실을 타인에게 전하고 알리는 심리적인 전달의 뜻으로 쓰인다고 되어 있다. 그렇다면 우리가 공부하고자 하는 모금 분야에서 커뮤니케이션이란 말은 어떻게 쓰이는 것일까?

상대를 세상의 중심에 서게 하는 것이다

처음에는 '커뮤니케이션'이라는 의미를 그냥 대화 정도의 수준으로 이해했다. 그리고 모든 분야에서(특히 광고나 홍보) 커뮤니케이션이라는 단어가 빈번하게 사용될 때에는 그저 사람과 사람 사이의 소통 정도로만 여겼었다. 어느 문장이든 커뮤니케이션을 대체하는 말로 '소통'이라는 말을 슬쩍 집어넣어도 하나도 무색하지 않다.

그렇지만 모금 분야에서는 그 의미를 다소 확대하여 해석할 필요가 있다. 내가 몸으로 체험한 '커뮤니케이션'의 진정한 의미는 상대를 세상의 중심에 서게 하는 것이다. 세상의 중심에 서게 되면 어쩔 수 없이 움직이게 되어 있다. 왜냐하면 세상이 나를 바라보고 있기 때문이다.

사람들은 나에게 커뮤니케이션을 잘한다고 한다. 처음에는 그 뜻을 잘 알지 못하였다. 단지 사람들에게 좀 더 관심을 두고 몇 번 더 전화해 주고 무슨 일을 하든 함께 걱정해 주고 때 되면 이것저것 물어봐 주고 하는 오지랖 넓은 성격에 대한 결과라고 생각했다. 또 어떤 이는 나에게 언변에 능하다고도 하고 사람의 맘을 잘 움직인다고도 하고 상대를 잘 이해시킨다고도 한다. 그래서 나도 사람을 다루는 몇 가지의 재주를 가지고 있다고 자신했다.

그러나 모금을 하면 할수록 사람과 사람의 관계는 단지 사람을 소위 잘 '꾀는 것'이 아니라는 것을 알게 된다.

모금영역에서 커뮤니케이션은 상대를 세상의 중심에 서게 하고 바로 모금 명분의 주인이 되게 하는 것이다. 생각해 보자. 주인이 설렁설렁하게 하는 것을 보았는가. 주인이 대충 가게 문 열고 대충 음식 만들어서 대충 손님 맞는 것을 보았는가. 위기가 닥칠 때 주인이 뒷짐 지고 나 몰라라 하는 것을 보았는가. 주인의식을 갖게 되면 안 할 수가 없다. 내가 참여하지 않으면 어찌 될 것 같은 불안감, 그래서 안 할 수 없게 만드는 것. 나를 아는 사람들이 왜 내가 나오지 않았는가 궁금해서 모임 자체가 잘 이루어지지 않을 것 같은, 그러므로 모임이 끝날 때까지 사람들이 내 이야기만을 하고 있을 것이라는 그런 강한 소속감이 모금의 참여를 높이는 커뮤니케이션인 것이다.

모금학교에서 수업을 받는 동안 나는 우리 조의 모금 프로젝트를 위해서 여러 사람에게 많은 요청과 도움을 청했다. 이를 위해 우리가 계획을 세우는 모금에 대한 모든 것을 일일이 알려주고 상대가 개입되어야 하는 당위성을 계속 인식시켜 주었다. 모금전문가 '한 명 더' 프로젝트 이사진인 박원순 이사에게도 모금을 위해 박 이사의 활동(강의)이 매우 중요하며 그런 참여가 모금의 성공을 의미한다고 시시때때로 전달하였다. 그렇기 때문에 박원순 이사의 강의일정도 두 번이나 받아

낼 수 있었다.

일 년치 다이어리가 빼곡하게 채워진 그분의 일정에서 초 단위로 움직이는 활동의 주기를 두 번이나 할애받았다는 것은 그야말로 놀라운 일이었다. 나중에 모금학교 졸업식의 "모금전문가 '한 명 더' 프로젝트"에 대한 전체 강평 때 박 이사는 이런 말씀을 하셨다.

"정현경 씨는 나를 움직이게 합니다. 정말 바쁜 나지만 내가 시간을 낼 수밖에 없게 하는 재주가 있어요."

그러나 그것은 재주가 아니라 나의 진심이다. 우리 모금의 성공을 위해서는 박원순 이사의 외부 강의가 정말 중요했고, 나는 그것을 지속적으로 알려드린 것뿐이다. 그러나 모금을 위해서는 비단 박원순 이사만의 기여와 참여만이 중요한 것은 아니다. 모금에 참여하는 한 사람 한 사람의 힘과 손길이 모두 중요했다. 모금의 주체는 그 기관도 아니고 모금가도 아니다. 자신이 가진 재능과 현물을 기부하는 사람들이 바로 모금의 주체다.

상대의 심장을 뛰게 하는 것이다

또 다른 커뮤니케이션은 바로 상대를 들뜨게 하는 것이다. 초등학생들이 소풍 전날 잠이 안 오는 이유도, 첫 해외여행 때 비행기를 타려고 몸 수색대에 오를 때도, 심중에 두었던 그 남자가 영화 보자고 전화를 해 올 때도 두근거리며 앞으로 다가올 미지의 세계에 대한 동경이 기대가 되어 심장이 뛴다.

기부를 하고자 하는 사람에게도 이런 기대감과 동경을 줄 수 있는 두근거림을 심어줘야 한다. 심장이 뛰게 되면 신체는 심장 뛰는 것을 진정시키기 위해 다른 부분이 약해지게 되고 주변을 의지하게 된다. 작은 것에 감동하고 내적인 갈등에 유약해지기 마련이다. 연약한 육신을 스스로 느끼게 되므로 사람과 사람 사이의 관계를 중요시하게 되고 공동체적인 삶, 공동체적 의식을 더욱 갈구하게 된다.

이때 우리가 추구하는 공익적 가치와 사회적 변화의 필요성에 대해 말해 보자. 당신이 참여하는 모든 행동과 자원이 세상을 바꾸게 되는 큰 힘이 될 것이라는 사실을 확신하게 해 주자. 그 일을 할 사람이 당신뿐이라고 말하자. 당신의 참여가 기폭제가 되어서 분명히 확산할 것이라 신뢰를 주자.

사람은 태생적으로 '희망'이 무언지를 안다. 그리고 늘 꿈을 꾼다. 꿈에도 그리던 희망을 앞당기는 일을 하라고 권유하는데 심장이 펄떡거리지 않을 사람이 누가 있겠는가.

09

기부관련 법률상식

2009년 7월 11일, 강사: 박훈(서울시립대 세무학과), 김영수(아름다운재단 공익변호사그룹 공감 변호사)

"소득세법에서 감면받는 것과 법인세법에서 감면되는 것의
차이는 무엇인가요?"
"그곳에 기부하면 100% 세금공제를 받나요?"
"물품으로 기부하고 싶은데
판매가로 기부금영수증을 주시나요,
공장도 가격으로 계산해서 주시나요?"
"쓰던 가구나 전기제품을 기증하고 싶은데
기부금 영수증은 얼마로 발급되나요?"
"작년에 기부하고 기부영수증을 발급하지 않았는데
올해 발급해 주시면 안 되나요?"
"제가 기부하고 남편 이름으로 기부영수증 발급이 되나요?"

멀고 어렵기만 한 '法'

이날은 마침 우리 협회에 매우 중요한 행사가 있었다. 그래서 모금전문가 학교 마지막 수업이었음에도 전체 강의를 들을 수 없었다. '제8회 서울시 지적장애인농구대회'를 위해 아침에 눈도장만 찍고 서둘러 농구대회가 개최되는 국민대학교로 달려갔다.

틈틈이 미리 나누어준 기부관련법에 대한 교육자료를 읽으면서 늦게라도 도착해서 궁금한 사항을 물어보려 하였다. 그런데 역시나 법은 멀고 주먹은 가까웠다. '1. 기부관련 최근의 세제 및 세정분야의 큰 변화'라는 첫 줄을 읽고 나자 머리가 지근거리기 시작했다. 주먹으로 머리를 턱턱 쳐도 글자가 눈에 하나도 들어오지 않았다. 공익법인, 세법, 상속세, 증여세, 출연재산, 세제지원, 왜 이리 멀게만 느껴지는 단어들인지.

행사를 마친 후 뒤늦게 달려들어 온 교실 풍경에 살짝 웃음이 났다.

학생들 모두 잠에 취해 있는 얼굴이었던 것이다. 어렵게 시간을 낸 박훈 교수나 김영수 변호사도 강의의 주제가 어쩔 수 없이 딱딱하고 힘이 드는 분야라고 처음부터 학생들에게 양해를 구했다는 이야기를 들었지만 '법' 앞에서는 모두 고개를 숙이게 마련인가 보다.

법과 관련된 강의를 할 때 학생들에게 평소 자신의 조직에서 닥쳤던 법과 관련된 일, 세무 때문에 곤혹스러웠던 일, 기부대상자가 기부와 관련된 법을 문의해 왔을 때 대답하지 못해 기회를 놓쳤던 일, 고액기부자를 상담할 때 사용해야 하는 법에 대한 지식을 미리 받아 사례 중심으로 강의를 구성했다면 훨씬 재미있었을 텐데 하는 아쉬움이 남았다. 그렇다면 현장에서 기부금에 관련된 가장 자주 받는 질문과 답은 어떤 것이 있을까?

Q "소득세법에서 감면받는 것과 법인세법에서 감면되는 것의 차이는 무엇인가요?"

기부자가 법인인지 개인인지에 따라 다릅니다. 기부자가 법인일 경우는 법인세법에 따라 감면을 받을 수 있고 개인인 경우에는 소득세법에 따라 공제를 받을 수 있습니다.

- 기부자가 법인인 경우
    - → 법인세법 시행규칙 별지 제63호의 3서식에 의한 기부금영수증 발급

- 기부자가 개인인 경우
    → 소득세법 시행규칙 별지 제45호의 2서식에 의한 기부금영수증 발급

Q "그곳에 기부하면 100% 세금공제를 받나요?"

기부금의 종류에 따라 달라질 수 있습니다. 법정기부금(법인세법 제24조 제2항)일 경우는 100% 공제를 받지만 지정기부금일 때는 개인의 경우 자신의 소득범위 안에서 과세표준이 결정되어 한도액이 정해집니다. 법인일 경우에도 세무조정과 과제조정에 의해서 공제액이 결정됩니다. 따라서 기부자가 개인인지 법인인지, 기부하려고 하는 기부처가 어디인지, 소득이 얼마인지에 따라 사례별로 달라집니다.

- 법정기부금의 범위 (법인세법 제24조 제2항)

    1. 국가 또는 지방자치단체에 대한 기부금
    2. 국방헌금과 국군장병 위문금품의 가액
    3. 천재·지변으로 생기는 이재민을 위한 구호금품의 가액
    4. 다음 각 목의 기관(병원을 제외한다)에 시설비·교육비·장학금 또는 연구비로 지출하는 기부금

가. 「사립학교법」에 의한 사립학교
　　나. 비영리교육재단(사립학교의 신축·증설, 시설확충 그 밖에 교육환경 개선을 목적으로 설립된 비영리재단법인에 한한다)
　　다. 「기능대학법」에 의한 기능대학
　　라. 「평생교육법」에 의한 원격대학형태의 평생교육시설
　　마. 「경제자유구역 및 제주국제자유도시의 외국교육기관 설립·운영에 관한 특별법」에 의하여 설립된 외국교육기관
　　바. 「산업교육진흥 및 산학협력촉진에 관한 법률」에 의한 산학 협력단

- **지정기부금의 범위(법인세법시행령 제36조)**

　1. 지정기부금단체 등의 고유목적사업비로 지출하는 기부금. 다만, 사목에 따라 지정된 법인에 지출하는 기부금은 지정일이 속하는 사업연도와 그 다음 5개 사업연도 동안 지출하는 기부금에 한한다.

　　가. 「사회복지사업법」에 의한 사회복지법인
　　나. 「유아교육법」에 따른 유치원·「초·중등교육법」 및 「고등교육법」에 의한 학교, 「기능대학법」에 의한 기능대학 또는 「평생교육법」에 의한 원격대학
　　다. 정부로부터 허가 또는 인가를 받은 학술연구단체·장학단체·기술진흥단체
　　라. 정부로부터 허가 또는 인가를 받은 문화·예술단체(「문화예술진흥법」에 의하여 지정을 받은 전문예술법인 및 전문예술단체를 포함한다) 또는 환경보호운동단체
　　마. 종교의 보급 기타 교화를 목적으로 설립하여 주무관청에 등록된 단체

바. 「의료법」에 의한 의료법인
사. 「민법」 제32조에 따라 주무관청의 허가를 받아 설립된 비영리법인 중 다음의 요건을 모두 충족한 것으로서 주무관청의 추천을 받아 기획재정부장관이 지정한 법인
- 수입을 회원의 이익이 아닌 공익을 위하여 사용하고 사업의 직접 수혜자가 불특정 다수일 것
- 해산 시 잔여재산을 국가·지방자치단체 또는 유사한 목적을 가진 다른 비영리법인에게 귀속하도록 할 것
- 인터넷 홈페이지를 통하여 연간 기부금 모금액 및 활용실적을 공개한다는 내용이 정관에 기재되어 있을 것
- 사실상 특정 정당 또는 선출직 후보를 지지·지원하는 등 정치활동을 하지 아니할 것
- 지정이 취소된 경우에는 그 취소된 날부터 5년이 지났을 것

아. 가목 내지 사목의 지정기부금단체등과 유사한 것으로서 기획재정부령이 정하는 지정기부금단체 등
- 대한적십자사, 한국보건사회연구원, 한국여성개발원, 대한결핵협회, 한국장애인복지체육회, 대한가족보건복지협회, 한국장애인고용촉진공단

2. 용도가 특정된 지정기부금

가. 유치원, 초등·중등·고등학교장이 추천하는 개인에게 교육비연구비 또는 장학금으로 지출하는 기부금
나. 「상속세 및 증여세법 시행령」 제14조 각호의 요건을 갖춘 공익신탁으로 신탁하는 기부금
다. 사회복지·문화·예술·교육·종교·자선·학술 등 공익목적으로 지출

하는 기부금
- 지역새마을사업을 위하여 지출하는 기부금
- 불우이웃을 돕기 위하여 지출하는 기부금
- 근로자복지진흥기금으로 출연하는 기부금
- 자활후견기관에 국민기초생활보장법 제16조제1항 각호의 규정에 의한 사업을 위하여 지출하는 기부금
- 국민연금관리공단에 복지사업비(노인복지·아동복지·장애인복지) 등을 위한 사업을 위하여 지출하는 기부금
- 사회적기업 육성법에 따른 연계기업이 사회적기업(비영리법인에 한한다)의 사회서비스 또는 일자리를 제공하는 사업을 위하여 지출하는 기부금 등

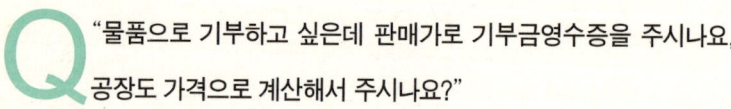

"물품으로 기부하고 싶은데 판매가로 기부금영수증을 주시나요, 공장도 가격으로 계산해서 주시나요?"

물품으로 기부할 경우 시가(사업자의 경우에 시가가 장부가액보다 낮을 경우에는 장부가액을 말한다)를 기부금액으로 합니다. 시가의 개념은 불특정다수 간에 거래되는 가격으로 판매가와는 별개의 개념입니다. 물품의 상태와 만든 제작일자에 따라 기업별로 다르게 값을 매기므로(예, 이월상품 할인가) 기업과 협의하여 일반 상거래에서 통용되는 가격으로 정해야 합니다.

Q "쓰던 가구나 전기 제품을 기증하고 싶은데 기부금 영수증은 얼마로 발급되나요?"

물품의 모델이나 제작일자를 확인하고 중고가격 조사를 한 후 가격을 정합니다. 손쉬운 방법은 인터넷을 이용하여 중고사이트에 명기되어 있는 가격을 기준으로 하고 증빙자료로 보관하여 둡니다.

Q "작년에 기부하고 기부영수증을 발급하지 않았는데 올해 발급해주시면 안 되나요?"

기부금은 '현금주의'에 따라 귀속시기가 낸 시점을 기준으로 하므로 다음 연도 발급은 되지 않습니다.

Q "제가 기부하고 남편 이름으로 기부영수증 발급이 되나요?"

2008년 1월 1일 이후 지급분부터 근로자 본인뿐만 아니라 본인의 기본공제 대상자인 배우자와 직계비속, 동거입양자가 지급한 기부금에 대하여도 소득공제가 가능합니다. 이 경우, 배우자는 소득금액 요건을, 직계비속 등은 연령과 소득금액 요건을 충족하여야 합니다. 그러나 직계존속이나 형제·자매 등 상기 외의 자가 지출한 기부금은 공제대상에 해당하지 않습니다.

★ 기부금품 관련된 세법상담은 국세청 126 콜센터로 전화하면 받을 수 있다. 또한 홈페이지의 '고객의 소리' – '자주 묻는 질문'에서 기부금이라는 keyword를 치면 다른 이들의 상담내용을 열람할 수 있다. www.nts.go.kr

좌충우돌 모금실습 9

이것이 진정 드림팀이다

모금전문가 '한 명 더' 모금에 대한 목표액이 달성되면서 우리는 졸업식과 함께 진행될 하우스 파티를 준비하기 시작했다. 이 역시 우리 조가 주축이 되어 준비하게 되었는데 이 덕분에 다른 조에 비해 두 배의 시간이 들었고 조원들은 분주히 움직여야 했다. 그럼에도 불구하고 아무런 탈 없이 훌륭하게 팀워크를 이룰 수 있었던 것은 전적으로 조원들의 헌신이 밑받침되었기 때문이었다.

우리 조원들은 다른 조에 비해 지역적으로 원거리에 떨어져 있었다. 군산, 대구, 부천, 강원도 등 토요일 오후 수업이 시작되는 2시까지 오려면 아침 일찍 첫차를 타야 했고 6시 수업이 끝나기가 무섭게 달려가 막차를 타야 했다. 그뿐만 아니라 각자 근무하는 단체의 특성상 토요일 수업을 모두 듣지 못하는 경우도 있었고 아예 결석을 하는 경우도 있었다. 각자 자신이 속한 단체에서는 모두 일당 백을 하는 일꾼들이어서 수업을 듣는 그 순간에도 업무와 관련된 핸드폰을 받기 위해 책상에 엉덩이 반만 걸치고 수업을 듣곤 했다.

이러한 환경적 장애를 우리는 오히려 신속한 의기투합과 역할분담으로 극복했다. 우리에게 시간은 금이었다. 보통의 금이 아니라 100% 순도를 지닌 황금이었다.

우리 조의 회의시간은 수업시작 전 5분과 수업 후 30분이 고작이었고 우리는 그 시간을 충실히 활용하였다. 회의 진행은 매우 빨랐으며 대세에 지장이 없는 한 의견을 낸 사람에게 힘을 실어 주었고 무엇보다 모두 조장인 나에게 무한한 지지를 보내 주었다. 나보다 나이 많은 선배님도 조장인 내가 무언가를 요청하면, '안돼.' '그건 그렇지 않아.' '꼭 그렇게 해야 해?' '나 바쁜데 다른 사람 시키지.'라는 식의 딴죽을 절대 걸지 않았다.

모금이라는 큰 목표를 갖고 조장인 내가 전반적인 것을 운영하되 세부적인 모금활동은 자신이 가장 잘할 수 있는 분야에서 완벽하게 수행해 주었다.

조원들은 종자돈 마련을 위해 자신의 차비와 학비를 배분해 주었고 개인 소액기부자 발굴을 위해 각자의 지역으로 돌아가 각개전투를 벌여 작게는 5명에서 많게는 20명까지 기부자를 모아 왔다.

우리는 박원순 이사 강의 팔기, 하우스파티 기획, 조원들 비디오촬영, 팸플릿 제작, 공연팀 섭외 등 모금을 위한 세부적인 업무를 자연스럽게 분담해 전체적으로 조율이 잘 된 오케스트라처럼 매우 유기적으로 움직였고 이는 우리가 성공적인 모금을 할 수 있는 밑거름이 되어 주었다.

평창동 모금파 조직원

전공: 거물급 위치와 동선예측
주특기: 고액기부, 고액강의 연계

전공: 사람 맘 흔들기
주특기: 소액다수기부자 확보

우리는 모금활동 과정에서 모금 조직 구성과 조직원 간 연대가 얼마나 중요한지를 새삼 느꼈고 그것이 어떻게 성공적인 모금으로 이어지는지 체험할 수 있었다. 모든 연기자와 스태프들이 힘을 합쳐 한 편의 특집드라마를 무사히 마친 느낌이 이런 것일까? 모금활동이 마무리되면서 우리는 복잡한 퍼즐을 다 맞춘 듯 뿌듯함을 느꼈다.

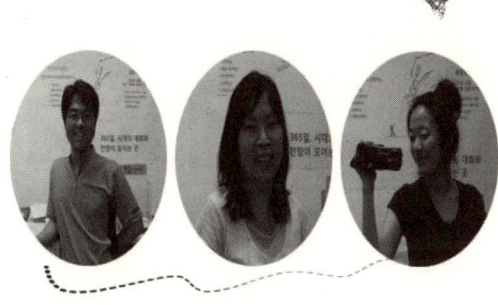

전공: 들뜬기분 흥겨운정서 제조
주특기: 하우스파티기획, 운영,
   인적재능 기부유도

10

졸업,
모금전문가라는
직업에 대해서

2009년 7월 25일 졸업식

> '모금'은 그래서 매력적이다.
> 누구나 자신만의 독특한 전략과
> 전술을 펼칠 수 있는 무궁무진한 영역인 것이다.
> 아직 누구도 '이것이 바로 모금이다'라고 말하지 못하는
> 새로운 블루오션인 것이다.

축제 같은 졸업식

우리의 졸업식은 각자의 일터로 돌아가 새로운 시작을 알리는 축제였다. 참여한 강사진들부터 모금실습 수혜단체, 학생들의 가족, 그리고 그들이 속한 단체의 구성원들이 모두 함께 모여 오늘을 즐겼다. 축사, 격려사는 상투적인 언어 대신 모금전문가학교 졸업생을 위한 축복이었으며, 수혜단체들은 모금전문가학교를 통해 받은 모금액으로 도약의 발판을 마련했다며 우리의 머리에 월계관을 씌워주었다.

참여한 학생들이 수행한 모금실습은 다음과 같은 결실을 가져다주었다.

FR LIFE-A조

    수혜단체: 평화종합사회복지관, 한겨레 학교

    목적: 새터민 지원

    모금액 : 총 2,477,600원

가바이 째테크-B조

    수혜단체: 동자동 사랑방

    목적: 쪽방촌 지원단체인 동자동 사랑방 역량강화

    모금액: 총 18,917,000원

한명더-C조

    수혜단체: 모금전문가학교

    목적: 모금전문가 양성

    모금액: 총 20,500,000원, 유브레인 정기 장학금 유치

애모-D조

    수혜단체: 강동적십자봉사단

    목적: 조손가정 지원

    모금액: 총 8,898,960원

'모금실습'을 통해 모금전문가학교에서 배운 모금이론과 기술을 바로 현장에서 사용하면서 내 것으로 만들 수 있었던 기회는 실로 귀중한 지

산이 되었다.

"위 사람은 2009 제1기 모금전문가학교 과정을 이수하였기에 이 증서를 드립니다."

졸업증서에 새겨진 글들이 살아서 움직인다. 모금전문가학교에서 생활하면서 우리가 배운 모든 것들과 우리의 다짐이 어우러져 하나의 이정표가 된 '모금전문가 십계명', 이것이 아로새겨진 손수건을 목에 걸면서 우리는 우리의 자랑스러운 졸업을 만끽했다.

모금전문가 십계명

- 인간에 대한 애정과 세상에 대한 관심을 가져라
- 모금의 사명에 대해 제대로 인식하라
- 요청하라
- 거절당하는 것을 두려워 마라
- 기부자를 참여시켜라
- 전문성 확보를 위해 끊임없이 노력하라
- 지역의 자원과 네트워크를 최대한 활용하라
- 기부자에게 감사하고 기부금을 통한 사회변화를 지속적으로 공유하라

제1기 모금전문가학교 장학생 박찬이, 정현경, 목정하

- 기부자에 대한 정보는 보호하라
- 기부금에 대한 투명성을 확보하라

입학식 오리엔테이션 때 예고되었던 장학금 수여의 영광이 나에게로 돌아왔다. 나를 이곳에 보내준 우리 단체에 감사의 마음을 전하고 싶었고 모금영역에서 활동하고 있는 모든 사람들로부터 인정받고도 싶었던 나는 기쁜 마음으로 장학금을 받았다. 우리는 이런저런 감격과 감회를 뒤로하고 마지막 모금을 위한 졸업파티를 위해 마음을 다시 다잡았다.

좌충우돌 모금실습 10

졸업식날까지 모금하다

초기에 계획했던 것처럼 우리의 모금활동은 졸업식과 졸업파티에까지 연장되었다. 졸업식장의 전체 장식은 풍선아트를 하는 자원봉사자의 재능기부로 만들어졌고, 열심히 활동한 학생들과 담임 및 교장선생님을 위한 선물, 파티에 사용될 와인과 떡, 졸업식에 참석한 모든 이들을 위한 홍삼선물세트 등도 모금활동의 산물이었다.

또한 기순환체조, 외국인 축하공연도 우리 조원들의 섭외와 그들의 재능기부로 이루어진 것이고 공연 후 이어진 경매도 기부자들의 물품으로 이루어진 것들이었다. 당일 행해진 경매물품은 류무종 관장님이 주신 중국의 8대 명주인 가오량주(高粱酒, 수수로 만든 술), 메르세데츠 벤츠 서류가방, 박원순 교장선생님이 기증하신 여행용 가방, 이철수 화백님의 판화 작품이었으며 판화를 제외한 나머지 물품이 총 80만 원에 낙찰되어 모금액에 큰 몫을 했다.

'모금을 위한 경매'는 모두의 시선을 끌었다. 명사들이 사용한 물품이 참여자들에게 소비욕구를 불러일으켰고 사고 싶은 물품의 가격이 조금씩 높아지는 재미가 사람들을 들뜨게 했다.

"저 물건을 꼭 사고 싶어요."

"저 서류가방을 사서 꼭 주고 싶은 분이 있어요."

"박원순 이사님의 팬인데, 여행가방을 제가 낙찰받을 수 있게 해 주시면 아니 되겠습니까?"

경매참여자의 한 마디 한 마디가 물품의 몸값을 점점 더 높였다.

내 가슴에 새긴 모금가 십계명

졸업식이 끝나고 일주일 동안 감기와 몸살로 4kg이 빠졌다. 정말이지 혹독한 훈련이었나 보다. 아니 나도 모르게 나의 능력을 넘어서 많은 열정과 애정을 쏟아 부었나 보다.

나도 주체할 수 없었던 이 굉장한 에너지는 아마도 이 일이 내가 세상에서 가장 재미있게 할 수 있는 일이었기에 발산될 수 있었을 것이다. 운이 좋게도 같은 세상을 꿈꾸는 동역자들을 무더기로 만난 나는 그 흥겨움에 기분 좋게 취해있었는지도 모른다.

　모금전문가 학교에서 배운 여러 가지 모금의 이론들과 방법들이 하나씩 늘어갈 때마다 내가 그동안 실전에서 경험했던 사례들이 또 다른 모금원칙으로 체계화되는 체험을 했다. 그토록 갈급하게 찾아 헤매었던 '손에 잡히지 않았던 그 무엇'이 손에 꽉 잡히는 순간이었다.

　나는 이 순간을 흘려보낼 수 없어 나만의 모금 정복기를 적어내려 갔고, 쑥스럽게도 책으로 엮어 세상에 펴내게 되었다. 그러나 이 모든 것들은 오롯이 나만에 의한 나만을 위한 나만이 할 수 있는 모금방식일 뿐이다. 내가 성공했던 사례들의 유형이 당신에게도 성공 보증수표가 되리라고 장담할 수는 없다. 또한 내가 실패했던 대상자에 대한 대면 방식이 당신에게도 실패 요인이 될 것이라고 단정 지을 수도 없다.

　'모금'은 그래서 매력적이다.

누구나 자신만의 독특한 전략과 전술을 펼칠 수 있는 무궁무진한 영역인 것이다. 아직 누구도 '이것이 바로 모금이다'라고 말하지 못하는 새로운 블루오션인 것이다.

자!

누구라도 충분히 꿈꿀 수 있는 아름다운 미래가 여기 있다.

당신이 하는 한마디의 말과 몸짓이 사람과 사람을 연합하게 해서 세상을 아름답게 변화시킨다면 그보다 멋지고 가치 있는 일이 또 어디에 있겠는가?

모금가의 십계명

정현경

하나. 모금가는 언제나 돈보다 사람이 절실해야 한다
둘. 모금가는 세상을 향해 진실과 정직만을 이야기해야 한다
셋. 모금가는 모금을 빌미로 먹고 마시고 쓰지 않는다
넷. 모금가는 항상 신선함과 경쾌함으로 주변을 이끈다
다섯. 모금가는 희망금액과 비현실적인 일을 약속하지 않는다
여섯. 모금가는 요청을 게을리하지 않는다
일곱. 모금가는 거절을 나와 동일시하지 않는다
여덟. 모금가는 바닥에 곤두박질치기를 두려워하지 않는다
아홉. 모금가는 먹이를 낚아채는 어미 호랑이처럼 절박함과 신속함으로 무장한다
열. 모금가는 무모하지만 무한한 도전을 즐긴다

지은이 | **정현경**

탄탄하고 전망좋은 직장을 다니면서 '시각장애인녹음도서 봉사'를 3년 정도 했다. 부모님의 반대를 무릅쓰고 급여가 1/3인 '녹음도서 제작기사'가 된 후 장애인복지관에서 근무했다. 현재의 직장인 서울시장애인복지시설협회에서 10년 넘게 후원결연과 모금업무를 맡고 있다. 단지 '재미' 때문에 뭐가 뭔지도 모르는 사회복지분야에 입문했지만, 어느새 기부, 나눔, 후원, 모금, 사명이라는 '가치'들에 둘러싸여 즐겁고 행복하게 일하고 있다. 사람과 사람이 서로의 마음을 보듬어 주고 자신이 가진 소중한 물질을 기쁘게 나누는 일에 촉매 역할을 하는 것에서 삶의 의미를 찾고 있다.

모금에 눈뜬 한 사회복지사의 좌충우돌 모금전문가학교 유학기

모금을 디자인하라

1판 1쇄 펴냄 2010년 7월 21일
1판 2쇄 펴냄 2015년 3월 9일

지은이 정현경
펴낸이 이형진
펴낸곳 도서출판 아르케
출판등록 1999. 2. 25. 제2-2759호
주소 강원도 홍천군 내촌면 연계동길 97-12
대표전화 (070)8700~3044 | 팩시밀리 (02)6442-5295
-Mail arche21@gmail.com | Homepage www.arche.co.kr

값 16,000원

ⓒ 정현경, 2010

ISBN 978-89-5803-099-7 03300